教室裡的行為改善與自尊提升

——交流分析（溝通分析）應用之實用指南

Giles Barrow

Emma Bradshaw　著

Trudi Newton

江原麟・陳冠吟　譯

Improving Behaviour and Raising Self-Esteem in the Classroom

A Practical Guide to Using Transactional Analysis

Giles Barrow, Emma Bradshaw and Trudi Newton

作者簡介

Giles Barrow

擔任行為問題顧問，為自由工作者，在主流以及特殊學校與支援服務（support service）的經營上有豐富的經歷。

Emma Bradshaw

在各種不同的教育機構中，提供包括青少年服務以及行為支援（behaviour support），是位行為支援服務團隊的資深主管。

Trudi Newton

是一位教育與督導交流分析師（Teaching & Supervising Transactional Analyst, TSTA），專長為社會服務與教育的諮商與訓練工作。

譯者簡介

江原麟

　　國立陽明大學醫學院醫學系畢業，目前為長庚大學行為科學研究所心理組研究生。江醫師曾於嘉義基督教醫院擔任內科住院醫師，並於台北市立療養院完成精神科住院醫師訓練，為合格之精神科專科醫師。目前擔任長庚醫院基隆分院精神科專任主治醫師，及長庚醫院台北分院精神科兼任主治醫師。江醫師接受交流分析專業訓練，已完成 101 基礎課程、202 進階課程與督導課程，目前接受執照考試之督導課程。於中華溝通分析協會曾擔任常務監事與協會理事長，目前擔任常務理事。其專業之專長與興趣為心理動力心理治療，主要研究與專精之領域為情緒障礙、人際關係與人格發展。曾經參與《中西醫會診──憂鬱症》（書泉文化出版社，2000 年 11 月出版）一書寫作，並有交流分析之譯作：《交流分析諮商》（心理出版社，2004 年 11 月出版）、《教室裡的行為管理──交流分析（溝通分析）之應用》（心理出版社，2006 年 12 月出版）。

陳冠吟

　　國中畢業後移民紐西蘭，求學與工作將近十年。畢業於奧克蘭大學，獲得音樂學士學位（Bachelor of Music）與音樂榮譽學士學位（Bachelor of Music, Honours），主修小提琴。自大學時代起即擔任小提琴教師，有八年音樂教學經驗。之後赴日本東京，應用其優秀的英文能力（TOEIC：975/990），任職於東芝企業集團旗下 Toshiba Engineering Corporation、Toshiba Process Software Corporation，以及 ES Toshiba Engineering Corporation，擔任駐公司英語教師十八個月。於 2003 年返台定居，目前任職於法律事務所，擔任法務佐理。曾經參與《教室裡的行為管理——交流分析（溝通分析）之應用》翻譯工作。

致謝

在本書的寫作過程中，我們應用了許多作家、同事以及朋友引用交流分析（Transactional Analysis, TA）的觀點，同時我們也以期許可以在學校發揮作用的方式加以運用。由於 Jean Illsley Clarke 以及 Julie Hay 慷慨大方地鼓勵我們使用他們的資料，並且給予我們鼓勵與支持，在此我們特別要感謝這兩位前輩。

同樣也要感謝 Carole Gesme、Steve Karpman、Adrienne Lee、Pat Daunt 以及 Ginty Furmage 等人，同意我們引用他們部分的作品。

另外，我們要感謝在學校與我們合作與分享的教師與工作同仁，他們參與我們所舉辦的工作坊以及在職教育訓練課程（in-service education and training, INSET），將所學應用於學校的教學，並允許我們援引他們所提出的案例；這群學生幫助我們看到這些「工具」在實際運用上的潛力。特別要感謝 Hatfeild 中學、John Gray、Jane Keary、Jill Lowe 與 Linda Hellaby。

David Fulton 出版社的 Jude Bowen 與 Margaret Haigh 總是隨時提供協助，最重要的是給我們無盡的鼓勵。

交流分析是種相當視覺化的知識系統，有三位人士對本書的視覺領域貢獻良多：David Newton 創作圖表、Clive Goddard 負責漫畫繪製與圖示，而 Rosie Barrow 則繪製了第五章以及最後一章的圖畫。在此也要感謝他們！

　　此外還要給予 Jackie、Mick 與 David 大大地感謝，以及感謝
Sara 和她的家人讓我們在 Suffolk 有段美好的時光。

　　最後則要感謝我們自己，我們同舟共濟，共同建構寫作歷程，
互相鼓勵，一起解決問題，分工合作，最重要的是獲得了許多的
樂趣與正向安撫。

Giles Barrow、*Emma Bradshaw*、*Trudi Newton*

2001 年 7 月

譯者序

　　本書的翻譯與出版乃是本人擔任中華溝通分析協會理事長期間（2001-04），為推廣溝通分析（交流分析）在諮商心理治療以及教育等領域的應用，所規劃執行的系列工作之一。此項工作的目的在於翻譯更多的交流分析專業文獻，協助有意學習交流分析者，可以跨越語言障礙所形成的鴻溝，深入淺出地理解交流分析理論的內涵，並期望藉此更為提升交流分析的學習環境。由於在台灣交流分析學習的主要參與者，涵蓋諮商心理治療工作領域的精神科醫師、臨床心理師、社工師與諮商心理師、從事教育與輔導工作的學校老師，以及其他領域的助人工作者，因此分別選擇了交流分析在諮商心理治療與教育領域，各兩本基礎與入門的著作進行翻譯，以期逐步豐富中文世界的交流分析知識。在此特別要感謝心理出版社的鼎力支持，促成此一計畫與理想的順利實踐。

　　2004 年底，心理出版社已經順利出版了諮商心理治療領域之《交流分析諮商》（*Transactional Analysis Counselling,* Phil Lapworth, Charlotte Sills, & Sue Fish, 1993）一書；以課堂中行為教育為焦點的著作《教室裡的行為管理——交流分析（溝通分析）之應用》（*Behaviour Management in the Classroom: A Transactional Analysis Approach,* Sandra Newell & David Jeffery, 2002），也於 2006 年順利出版。本書《教室裡的行為改善與自尊提升——交流

分析（溝通分析）應用之實用指南》的出版，延續上本翻譯著作，仍屬於教育性交流分析範疇的著作，其內容與資料的加入，增添了中文世界裡教育性交流分析的內涵。接下來將有屬於諮商與心理治療領域，兼具實用與深度之交流分析著作《交流分析諮商能力發展》（*Developing Transactional Analysis Counselling,* Ian Stewart, 1996）一書的出版與發行。屆時，讀者將有機會透過這幾本中文譯本的交流分析著作，銜接交流分析近期中文譯著的斷層，更為方便有效地學習交流分析的專業知識。

本書的翻譯乃由上一本譯作《教室裡的行為管理——交流分析（溝通分析）之應用》的譯者之一陳冠吟與我合作完成，為求文字意義之精準與風格之一致，除了在翻譯過程的溝通與意見交換之外，全文最後仍由我統籌加以整理與修飾。由於交流分析翻譯工作的經驗累積、完整的交流分析訓練的歷程，以及對於交流分析文獻的深入研讀，使得本書翻譯文字的品質能夠達到相當高水準的程度，也因此對於滿足出版社與讀者的期待深具信心。此外，冠吟深厚的英文素養、異國生活與求學的經驗，以及文化背景，使得本書翻譯文字的運用更為精準，也更為深厚地傳達文字背後的文化內涵。

本書專業名詞譯名選擇核心的原則為忠於理論意義，部分沿用相關交流分析之中文譯作與「中華溝通分析協會」專業教材所採用的譯名，部分則捨棄無法傳達理論原意的名詞，透過反覆地理解與比較，逐步加以修正與精煉萃取，選擇最能精準傳達理論原意的中文作為譯名。本人於《交流分析諮商》一書中已經大膽不諱地捨棄了常用的「溝通分析」，而採用「交流分析」一詞，

並在該書的譯者序當中闡釋英文 Transaction 一詞具有「溝通」、「交換」、「交流」、「交易」、「交往」、「互動」與「接觸」等廣泛意義，其理論強調精神內在或者個體間不同方面之間的意思流動，而非僅關係到中文中「通」與「不通」，表示溝渠不通，需加以疏通之「溝通」，或為通俗指涉之意思表達與理解之「溝通」。在定調選擇使用「交流分析」一詞許久之後，偶然在網路上搜尋「交流分析」相關資訊時，發現日本交流分析學界長年來都以「交流分析」一詞作為 Transactional Analysis 的譯名，心中有幾分雀躍，真沒想到可以「他鄉遇故知」，有識一同。然而為了與傳統的翻譯文獻連結，以及方便熟悉舊名詞「溝通分析」者在網路資源發達的現今搜尋獲得本書資訊，因此在書名標題下，仍以括號附註的方式，保留「溝通分析」名詞。

本書中更進一步將 Life Position 定調為「生命定位」，捨棄過去常用的「生命地位」，以及《交流分析諮商》中的「生命狀態」等譯名。除了持續沿用《交流分析諮商》中對 Pay-Off 的翻譯——「付出代價」，譯者們也同時運用「報應」作為更具神韻的譯名。至於 OK 一詞，則因為 OK 已經成為跨越國界的通用語言，「好」一詞反而無法準確傳神地傳遞其意義，因此原則上盡量不做中文翻譯。

交流分析理論所謂的 Life Position，意指個體在兒童早期便根據經驗而決定了對自己與他人的信念與態度，成為個體如何看待自己與他人，以及做出回應的基礎，因此可謂對自己與他人的地位與狀態有了定調。一如兒童精神分析學家克萊恩（Melanie Klein）提出的心智狀態（position）之概念，認為兒童在生命早期

便因為某些態度與機制的聚合，而對客體關係產生了某些先入為主的觀念，而有各種不同的心智狀態；交流分析中生命定位的理論，有其異曲同工之妙，亦認為兒童對自我與世界都已經有所定調，並且具體地區分為四種基本之人我關係（I/You：＋/＋、＋/－、－/＋、－/－）。本人認為「生命定位」實在比沿用「生命地位」與「生命狀態」更可以有效地傳達理論的精髓，說明個體在兒童早期便已對人我關係做出根本的決定，產生一種對自我與世界的基本態度與信念。然而由於在此根本的定位上，個體不免因為時空與環境刺激的不同，誘發了偏離根本定位（static position）的不同狀態（transient position），或因生命的發展與延伸，而有另一生命定位的產生。因此，我們在譯文中則仍根據譯者所指涉之意義，選擇使用「生命狀態」一譯名，點出個體在發展與壓力下非穩固性，而為即時性之心智狀態（position）。

在英語世界當中，Okay（OK）一字的運用相當廣泛，包括中文對應語意的名詞：「對」、「好」、「不錯」、「可以」、「同意」、「允許」與「認可」等等。其意義在於傳達個體接受與認同的態度，因此翻譯為「好」並非理想的選擇，甚至可能誤導讀者進入價值判斷的二元思維，因此譯者原則上採取不做中文翻譯的方式，保留 OK 原文，概括性地以 OK 一字，傳遞心理學界相當熟悉的「夠好」（good-enough），交流分析學界相當熟悉的「允許」（permission）與「認可」（recognition）等概念。

本書中提及**遊戲**（心理遊戲）此一重要的交流分析概念，然而並未深入與廣泛地說明，在此簡單加以闡釋：「**遊戲**乃是一組隱藏性交流（ulterior transaction），無意識與強迫地重複演出，獲

得相同的**結局**與**報應**（pay-off）。遊戲一開始的時候，參與者為了滿足彼此的**渴望**（hunger）與**認同**（recognition），釋出合乎對方胃口的**誘餌**（Con）吸引玩家**上勾**（Gimmick），彼此在社交層面共謀，心理層面共生，並透過交流彼此**安撫**（stroke）、依慰取暖。然而幾經一連串交流之後，根深柢固的存在定位（Existential Position）〔抑或生命定位（Life Position）〕，依然頑固地捍衛其結構，而如變臉一般，轉向扭曲現實的高潮，再度驗證其深信與熟悉的結局，並因此付出代價與得到報應。」

交流分析經常運用通俗語言作為專業名詞，例如有所謂的**安撫**（Stroke）、**遊戲**（Game）、**報應**（Pay-Off）、**扭曲**（Racket）、**被害者**（Victim），或者**父母**自我狀態（Parent Ego State）等等，英文的使用經常可以大寫的方式，方便有效地加以標示，聲明該文字為交流分析理論中所指涉之意義，免於與一般常用文字混淆。由於中文並無大小寫之分，因此無法依照相對原則進行交流分析專業名詞的區別，於是譯者便分別運用**粗楷體字**以及引號「」等方式加以標明，以茲與通俗文字意義加以區別。然而為免過度使用粗體字以及引號等符號，造成文字畫面的過度繁雜，因此僅在容易造成混淆之處進行標示，而推斷讀者已經透過閱讀有所理解與認知，而不易形成誤解之處，譯者則不再多此一舉。

交流分析在台灣雖然已經有二十年的發展歷史，卻仍屬於小眾文化，認同與學習的族群在心理學界屬於少數，而能持之以恆完成訓練者更屬鳳毛麟角。交流分析學者在台灣的心理治療界雖然屬弱勢族群，然而其嚴謹的教育訓練體制與態度，卻是國內其他學派認同者所罕見，相當值得追求實質能力養成者的參與。根

據國際交流分析學會（International Transactional Analysis Association）教育訓練標準，通過理論訓練、個人治療與實務督導等扎根訓練與考試，可以成為合格交流分析師（Certificated Transactional Analyst, CTA）；在台灣在職接受專業訓練，積極安排與參與訓練課程累積時數，達到可以進入分析師執照考試的階段，時間最少大約需要四年；成為合格分析師之後，可以進一步接受養成訓練成為教師或者督導，通過考試之後可以成為合格教育與督導交流分析師（Certificated Teaching and Supervising Transactional Analysis, TSTA），目前已有本土專業工作者進入師資養成課程，成為預備教師與督導交流分析師（Provisional Teaching and Supervising Transactional Analyst, PTSTA）。本人接受交流分析專業訓練，深深體認此一完整與嚴謹的訓練，足以養成兼具倫理與專業的治療師，提供個案有效的協助。

　　譯者們翻譯本書除了可以達成推廣與助人的目的之外，過程當中也獲得了相當多的學習與成長，期望我們的投入與工作，可以獲得讀者的認同與指教，同時也祝福您們，學習愉快、日起有功。有興趣接受此學派之專業訓練，可以直接與中華溝通分析協會（Taiwan Transactional Analysis Association）接洽：

　　　台北中心，TEL：（02）8912-7376

　　　　　　E-mail：taipttaa@ms61.hinet.net

　　　屏東中心，TEL：（08）736-2139

　　　　　　E-mail：infottaa@ms61.hinet.net

或可透過網路，尋找台灣 http://www.ttaa.tw、英國 http://www.ita.org.uk、美國 http://www.usataa.org、歐洲 http://www.eatanews.org，

與國際 http://www.itaa-net.org 等地的資源，選擇適合自己的課程與地點接受交流分析的專業訓練。此外，亦有相關的中文書籍可供進一步閱讀，方便讀者更廣泛與深入地了解交流分析理論與知識。書籍包括：

＊《交流分析諮商》

＊《教室裡的行為管理──交流分析（溝通分析）之應用》

＊《再生之旅──藉再決定治療改變一生》

＊《交流分析諮商能力發展》（計畫出版）

（以上為心理出版社出版）

＊《強者的誕生》

＊《保持最佳狀態》

＊《OK 老闆》

＊《我好，你也好》

（以上為遠流出版社出版）

＊《人際溝通分析練習法──TA 治療的理論與實務》

＊《人際溝通分析》

＊《TA 的諮商歷程與技術》

（以上為張老師文化出版）

江原麟　長庚醫院精神科　基隆‧台北

Transactional Analyst in Training　　2007 年 9 月 1 日

CONTENTS

第一章

簡介

■ 你對本書有什麼期待呢？ *1*

■ 本書的作者對你有何期待呢？

■ 出版商對讀者與我們這幾位作者又有什麼期待呢？

這本書探討與行為有關的主題，根據我們這幾位作者的觀點，行為乃意指環境與事件脈絡中的人際溝通。我們與他人的關係與溝通當中，有項重要關鍵，就在於我們如何與他人建立契約，以及我們是否隱約或者明白地加以實踐。因此，本書會以契約作開場白（我們將會在第三章更為細膩地處理契約這個主題）。然而，我們希望透過明白地建立契約，期使彼此明瞭這本書的價值，乃仰賴於簽訂契約的各方是否能夠恪遵其職。讀者只有在準備運用、試驗與理解這些概念的情況下，才可能從閱讀本書的過程明顯獲益。也只有在作者與出版社已經克盡屬於他們的責任，讓這本書容易閱讀、切中要點，上述的目標才可能會達成。

一如彼此的期待，參與契約的各方都清楚地了解彼此可以有何貢獻，也相當重要。

■ 作者擁有資訊、觀念與思想，得以與大眾分享。

■ 出版社服務讀者，他們具備組織功能，可以傳遞資訊給讀者。

■ 讀者具備潛力，吸收、使用以及散播作者的概念與思想，影響他們工作所在的學校及相處的學生。

以下是另外一種方法，可以用來檢視本章開場白中所提到的問題與期待（圖 1.1）。三角形中的每一邊代表雙向的期待。

讀者與出版社間的期待：

■ 讀者期待出版社提供符合時宜與切題的書籍，並且具備高水

2

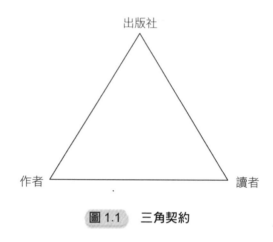

圖 1.1 三角契約

準與專業的品質。他們也期待針對不同主題出版廣泛的圖書——「行為」是讀者搜尋頻率不斷增加的一個主題。讀者期待花錢買的書有價值，具有可讀性。出版社期待讀者購買書籍，使用它們，並把好書介紹給朋友；出版社也期待書籍出版後可以回收成本，並且獲得合理的利潤。

作者與讀者間的期待：

■ 作者們期望讀者運用本書，幫助他們了解行為與自尊，然後可以運用這些資訊發展他們的技術與實務工作。讀者期待作者以方便理解、並可在校園生活中活用的方式，在書籍中提供資訊。他們期待該書物超所值，並可以供應本身所欠缺的資訊。

作者與出版社間的期待：

■ 作者期待出版社出版與發行其著作。他們期望著作可以上市，

並在獲得出版社改善的建議、錯誤的校對，以及確保版面設計兼具實用與吸引力的同時，仍可以忠於其手稿。此外也期待可以忠實地取得每一本書的稿費。作者期望他們的著作以及訊息，可以透過出版社的觸角加以延伸。出版社期望作者可以準時交稿，也期望作者提供素材，更進一步發展書籍出版的領域，並且開發出版主題之廣度。他們期望該書可以叫好又叫座，並為出版社帶來利潤。

廣博的內容 *3*

每份契約的基礎都是建立在廣博的內容上，而且出版社期待作品的主題，對於理解以及應對困擾行為此議題的爭議，會做出具有相當價值的貢獻。身為作者，我們對於有關學生行為舉止此項議題，相當熟悉教育訓練、支持與資源體系有哪些基本需求。這是國家政策相當重要的議題，不僅反應在媒體的報導，也同時廣泛出現在政府的相關提案、體制，以及立法議題上。

中央政府政策已經在相關計畫上反應出對社會性內涵（social inclusion）更高的關注，並且在關鍵的政府部門投注了更多的預算，廣泛地開拓了包括教育、健康、社區發展，以及青少年司法等相關議題的活動。更為具體地說，在教育這塊領域已有一系列的發展，其中涵蓋許多不同名稱的計畫方案，包括：「確實啟動」（*Sure Start*）、「接軌」（*Connexions*）、「正軌」（*On Track*）、「中學犯罪再教育」（*Crime Reduction in Secondary Schools*），與「健康學校」（*Healthy Schools*）等計畫。

在此期間同時也有了新指引的開展，有些部分是因為立法改革而獲得支持。讀者或許熟悉一些相關的議題，這些過去幾年的官方出版物涵蓋的主題包括：「為學生設定社會、情緒與行為需求的目標」〔學經歷與學程管理局[1]／教育就業部[2]（Qualifications and Curriculum Authority/ Department for Education and Employment, QCA/DfEE, 2000）〕、「師資專業標準」〔教師訓練處[3]（Teacher Training Agency, TTA, 1999）〕、「特殊教育需求之修正規劃」〔教育就業部（DfEE, 2000）〕，以及「社會性內涵」〔教育就業部（DfEE, 1999）〕。

　　這些轉向社會性內涵之重要政策導致的結果之一，就是賦予了學校新的壓力，要求學校思考關於學生的舉止行為之議題。強調增進學校全方位的能力，無庸置疑是項艱鉅的任務；而且，可能會有人反對，並視之為不可能的任務。在減少逃學與退學的目標下，期待擁有專家的單位檢討他們在地方脈絡中的角色，以及意識到教育失敗對往後成年生活的影響，學校探討如何達成目標的壓力於是與日俱增。

　　意料之中，許多學校已經指出，在中央的社會性內涵政策下所承受的某些壓力。然而，這個傾向於內涵的轉變，仍舊毫無疑

---

[1] 譯註：學經歷與學程管理局（QCA）為英國政府部門所贊助設立的法人機構，負責發展與維持全國的學習課程、評鑑與考試，以及相關的學經歷認證工作。

[2] 譯註：教育就業部（DfEE）為英國政府體制下之教育行政單位，負責制定各級學校課程與師資標準，並製作與發行各學程之教學指引。

[3] 譯註：教師訓練處（TTA）為英國政府體制下之教育行政單位，負責規劃與提供師資教育訓練與在職訓練課程。

問地受到學生長期以學業成就為學習目標的侵蝕；以學業成就為學習目標的文化，強調課業標準的提升、學校競賽成績的發表，以及自由市場導向的入學體制，並且絕大部分又受到督學體制的增強。

　　總而言之，學校要調和內涵精神與現實中有限標準之議題，顯然已經身陷泥淖。政府的施政方向與無法兼容並蓄的優先立法間起了衝突，無助於對學校的支持。特別是面對背景日益複雜的學生，為了提升教育的水準，努力達成因應措施的共識，經常意味著必須在政策的議題間取捨，魚與熊掌不可兼得。

4

　　相當悲哀地，我們相信在這種顯著的政策壓力下，結果是導致成就的局限。老師因此可能會感到需要面對一種兩難的處境，要不就是學生得要為偏差行為遭受譴責，否則就是身為老師的得要負擔一些責任——某些褊狹的全國性報紙似乎比較偏好這種觀點。這種責怪學生或老師的態度，不但是負面的，而且也無法站得住腳。我們的態度是認為，要不是學生失敗就是老師失敗，這種你死我活的狀況實際上相當罕見，簡直不可能。同時，讓學生與老師挫敗只不過是用來讓我們跳脫困難的一種觀感罷了，這些觀察反映我們在本書以及學校工作當中所抱持的核心期待。

　　我們相當了解許多學校所提出的疑義，他們表示有太多的學生「脫軌」，「正常」與主流的行為處理方法，對於愈來愈多的年輕人無法奏效。毫無疑義地，用來了解與回應這些個案的觀點都是源自認知行為理論——許多學校的標準流程。

　　一如本書中我們與讀者間契約的部分內容，我們邀請您思考一種可能性，實際上，這些脫軌的孩子是不是正在告訴我們某些

事情，說明了傳統對問題行為的反應模式的確有其局限呢！在絕大部分的時間當中，似乎可以有效應用在許多孩子身上的技巧，可能在面對那些最難搞定的個案時，讓我們感到茫然與無能為力。結果可能迫使孩子受到譴責——這也只會在孩子的未來留下恐懼的陰影罷了。取而代之的另一種觀點則是責難學校的大人沒有把事情做好，不過這也無濟於事——實際上他們是我們最深切的希望所在。面對學校全方位能力需求日益增加的挑戰，我們需要更為嚴謹地審視相關的理論與技巧，以及我們在學校當中的實務操作。

在我們與學校的合作經驗當中，我們注意到有個共同的議題。傳統方式仍持續以評分的方式處理學生的行為。教師同僚們相當喜歡以增強的方式建立結構，使用後果來削弱不為期待的行為，並且認同思考對行為改變的影響力。往往，教師同僚也舉出這些方法失敗的案例，於是需要經常提醒自己，仰賴單一的觀點將限制教學工作的成效。

在我們開始介紹交流分析的觀念之後，有些不一樣的狀況產生了。它呈現了某種替代性模型，透過熟悉的經歷，有了新的方法來解讀行為，並能創造對高難度處境的不同洞見。

5　交流分析為教育提供了些什麼呢？

我們應用交流分析方法的某些概念，為工作團隊開辦了為期一天的訓練，因此啟發了更進一步的訓練工作與閱讀，而使得這些概念的真實意涵開始發光發熱。這些概念相當容易理解，也可

以立即運用；而且一旦開始實踐，它們便顯得更加威力十足。學習得愈多，就有更多內容可以運用；然而，即使只學了一些也會夠用的。三十分鐘的時間就足以教授交流分析的概念，幾天內也可以學有所成。交流分析對兒童或者成人來說，都很容易學習，也相當容易運用。交流分析的特色有助於解開人類複雜的溝通模式，幫助我們往前邁進，尋找更為有效並且可以避免混淆的溝通方式。這也是本書誕生的理由——促使主流的教育專家更方便可以認識交流分析。

由於介紹交流分析進入校園的經驗，我們已經開始認同，交流分析的確產生重要的衝擊，影響了學校如何回應中央所強調的社會性內涵之複雜議題。交流分析以下述幾種方式，對學校生活十分具有貢獻：

- 鼓勵員工與學生討論，並提升自信，發展其情緒智商。
- 提供一種處理衝突的架構。
- 呈現一種理解與鼓勵的替代性模型。
- 確定為與家長、學生與其他機構的合作關係做有效的安排。
- 建立學生自信，面對學習的挑戰。
- 同時提升學校裡成人與兒童的心理健康。

是什麼使得交流分析成為如此有效的方法呢？

有種描繪交流分析的方式，就是將交流分析比喻為一棵樹（圖1.2）。

就如所有的樹木一般，都會有深入泥土的*樹根*；這裡所謂心

6

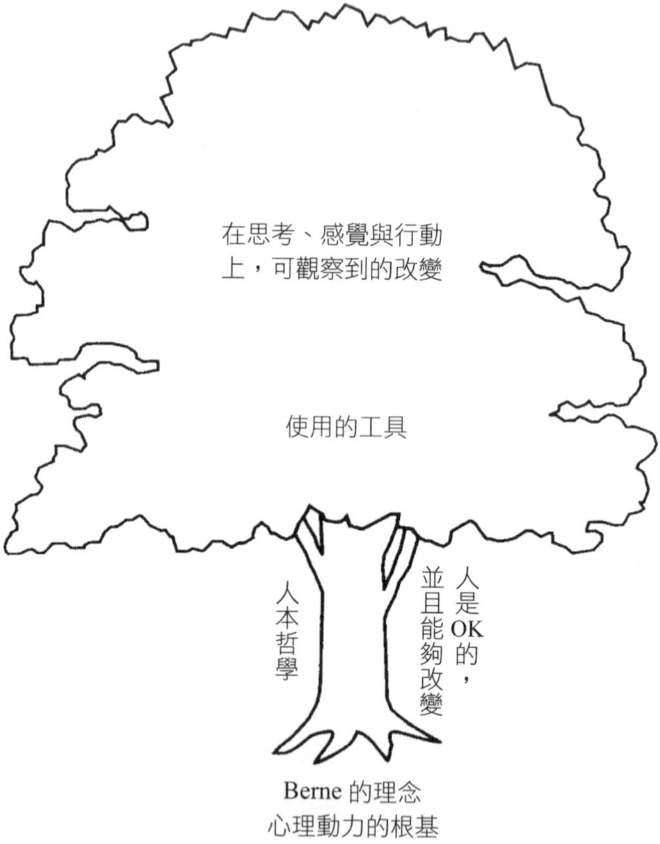

在思考、感覺與行動上，可觀察到的改變

使用的工具

人本哲學

人是OK的，並且能夠改變

Berne 的理念
心理動力的根基

圖 1.2　交流分析之樹

5　理動力理論的基礎，指的是將個體當下包括正向或者負向的態度與行為，歸因於早期的經驗，以及與他人的互動。交流分析的創始者——Eric Berne，是一位精神科醫師與心理治療師，他接受 Erik Erikson 的訓練。Berne 於一九五〇年代從事團體心理治療工

作時，研究直覺並觀察行為，發展出某些概念與視覺模型，並且成為交流分析的核心理論。Berne 實際執行交流分析心理治療，並且著書立論，直到一九七〇年代過世為止。期間，有些人看到 Berne 的理論具有應用在組織與教育上的潛力，於是開始拓展交流分析運用的領域。Berne 喜歡將交流分析描述為一種社會心理學，以及／或者一種社會精神醫學；它是一種行為觀察的方法，可以用來推論思想與感受，並且洞悉「是什麼讓人們動了起來」。

樹木也有*主幹*，賦予樹木形貌與結構；養分則由土地經過樹幹，輸送到枝葉、花朵以及果實。樹葉裡進行著光合作用，其產物則回饋滋養樹木每個部分，並使樹木可以成長、茁壯與茂盛。交流分析之樹的主幹就是人本哲學，人本哲學主張每一個個體本質上都有其價值與重要性，並值得尊敬。通俗的說法就是「我好，你也好」（I'm OK, you're OK），或者更為精確地說，就是「對我來說，我是 OK 的，你也是 OK 的；我尊敬並且接受我和你，我也相信你會以相同的態度對我。」這個信念隱含的意義就是，當在看待自己與別人都以差不多是 OK 的態度時，我們便因此邀請了他們好的部分（OK-ness）。就人本哲學進一步地延伸，我們可以說，除了嚴重腦傷的個體之外，每個人都有能力為自己思考、做決定、解決問題、成長與改變。人們或許（甚至經常）採取了無效的溝通與互動策略，造成行事不端正；然而如果可以獲得正確的訊息，並且採取 OK 對 OK 的態度，問題便可以獲得改善。

由於這種方法相當簡單方便，因此相當樂觀並具有希望地可以有效加以運用。Berne 表示「八歲智能的小孩如果不能了解這東西，它就沒什麼價值」（Steiner, 2001）。Berne 反對專業精英

論，以及使用複雜的語言。當他被控訴過度簡化某些概念時，他回應表示：「那些想要把問題搞複雜的人，可以坐到過度複雜的那桌去；那些只想要知道事情是怎麼一回事的人，可以加入我，坐到過度簡化的這桌來。」（Steiner, 2001）交流分析概念的坦率、直接與感染力有些時候導致膚淺的批評，並且被視為「大眾心理學」（pop psychology）。這些反應妨礙大眾領悟交流分析扎實的理論，以及交流分析作家與實踐者所擁有的特質，也就是創意與彈性的應用；這令人感到相當遺憾，也因此造成了誤導。交流分析使用簡單的語彙，容易理解，這是它方便與吸引人的特色之一。

樹的健康與生命可以根據它的產物——*樹葉、花朵與果實*來評斷，然而樹根與樹幹則讓它們的存在成為可能。交流分析之樹的產物包括思考、感覺與行為上可觀察到的變化，這正是樹存在的目的與意義。一如交流分析帶給人們的改變，交流分析也是一個正在成長的系統，隨著新概念的出現而有所改變與發展，並整合進基礎理論當中。這就是由樹葉返回到樹根的營養，餵養茁壯當中的樹幹。總而言之，交流分析是一種理論，說明人格如何發展、人類如何溝通，以及我們可以如何負責地達成所期望的改變，可以應用在個體、關係、團體、組織，甚至整個社會上。

摘要

交流分析是一套完整的理論系統，包括對問題成因的理解，如何由合乎倫理與價值基礎的定位操作，並使得行為有所改變。

它整合了心理動力、行為、系統以及認知觀點的元素，成為一套整合性的體系，它提供了一套可以涵蓋許多模型的架構。

■ 它提供了基本的*工具與策略*供大眾學習，並且可以有效促進各個層面的溝通。

■ 它提供了一套*語彙*，人們透過它可以學會如何描繪自己的經驗。一如所有新的語彙，初期都需要練習，經過練習便可以流暢地加以運用。

■ 它是一種強調*決定的模型*，藉此人們便可以選擇將要改變些什麼、何時要改變，以及是否想要改變。這與包含相互性、自尊，以及澄清目標的契約過程具有高度的相關性。

■ 它可以說是一種*實用的教育心理學*，可以引導老師、學生以及學校的成長與發展。

使用本書

8

本書各個章節好比拼圖一般彼此交織連結。在本書內容的開展過程中，各個章節將會彼此參酌，並相互引用，補充與詳述當中的觀點。本書初始的焦點會在個體關係上，最終則說明如何將整個學校視為一個組織。這是因為在我的經驗當中，發現深植在我們腦海當中的，經常是個體與個體間密切的關係模式。然而，就各方面來說，最後一章都是最為重要的；如果正向的改變要獲得維持，學校整體的態度將是關鍵。

「*我花了許多時間在一小群學生身上，處理他們與其他學生和老師的衝突。*」（我聽過許多老師這麼說。）第二章討論有關

衝突的主題。衝突如何發生？它究竟是什麼？如何有效處理？

「你可以跟他做行為約定，但是應該沒效吧？」（特殊教育需求協調專員[4]指出。）緊接在衝突之後，第三章要探討的焦點就是建立契約，如果能有效地加以應用，這可是預防困境最有效的方法之一。我們將探討契約的理論基礎，並且引用實際的案例，了解該如何應用在學校當中。該章節將有助於澄清迷思，了解何謂契約，以及何者並非契約。

「老師長期以來自尊心低落——有誰在腦筋清醒時會願意接受訓練成為老師呢？」（並非全部，但是有許多的老師同儕都這麼說。）第四章檢討的是衝突最大的原因之一：低自尊。這也是學習道路上最大的障礙之一。我們將研究學生與成人看待自己的方式，因為這點顯然造成風險，影響他們準備因應的未來生活以及學習。

「我總是感到訝異，有些深陷於極端困擾的年輕人，卻可以在苗圃裡有效地發揮他的聰明才智。」（班導師指出。）第五章則描述人類自嬰兒到成人情感發展的過程。了解情感發展的過程，有助於我們辨認出發展的缺陷，於是可以有助於評估該提供哪些支持來滿足個體的需求。這一章探討不同的發展階段有哪些訊息

---

4 譯註：特殊教育需求協調專員（Special educational needs coordinator, SEN-CO）為英國中小學學校體系中之職務，接受校長指示，直接對校長負責。其主要服務對象為學校中具有特殊教育需求的學生，工作任務為尋找與選用最適合的教材與方法，監督與評估教育活動，指導學生獨立學習之技巧，負責學生轉學之後學校間的追蹤諮詢，並且指導其他教學同仁評估學生之特殊教育需求，以及指導特殊教育之教學工作。

需要被人聆聽，並提供方法用以開始填補落差。

「這裡的孩子真的很貧窮，而我們員工也真的相處得很好；有時候我們必須笑，也必須哭。」我們幾位作者相信，彼此支持與合作的工作團隊會造就成功的學校。是什麼成就一所多方均衡發展的學校，支持所有學生與員工的發展與學習呢？我們如何在該機構當中自我定位與決定作為，好讓自己變得更為均衡呢？最後一章對於實務工作最為重要，因為只有透過健康學校體系的建立，才能維持有效的改變。

健康的年輕人就是明日優秀的員工、父母與社區公民。廣泛來說，這就是正確教育的收穫。只有當我們納入情緒能力的發展時，強調讀寫、算數與理論的學校教育才能取得平衡點。這本書就是設計來作為情緒成長與發展的資源。對於學校情緒教育成果的影響，也將相對地影響個體的情緒福祉。當人們對於接受某些事務感到安全時，才有可能願意接受學習的風險。真實與終身的學習勢必涉及風險的承擔。

透過本書所獲得的更多理解，我們也希望對於許多過去習以為常的作法，現在可以有扎根的理論基礎，說明為何它們會讓人感到正確有效，於是可以擁有應用的正當性。此一說理的特性相當關鍵，在學校所花費的每一分鐘都需要有合理的解釋。這並非有意貶損基礎技能學習的重要性，而只不過是要加以修正以獲得平衡罷了。當兒童有了情感的能力，將可以有效率地學習；所以，包含讀寫、算數與情感發展的全部課程，對孩子的未來都是重要的。僅具備一項能力，而缺乏其他的能力，不會產生效果。我們從職場理解到，一個人需具備的是均衡的能力——雇主所尋找的

員工，不但需要具備基本讀寫、算數以及資訊技術（information technology, IT）能力，也需要擁有團隊合作、問題解決，以及良好溝通的能力。事實上，一個人並需要那種特殊能力，反而經常是要有均衡的發展。

交流分析在教育上的發展，我們洞見它在未來將成為老師使用的主流工具。交流分析的基礎理論應該傳授給所有的老師——特別是正在接受訓練的老師。理解溝通一事是培養師資的最佳方法。不論是哪個科目，好的溝通都可以引導有效的學習，也會使得老師感覺有能力可以因應與拆解問題行為，而非只是感到無能為力。交流分析的關鍵與重點是關於可以做什麼，而非關於不能做什麼的學問。長久以來，老師被教導的是不能做與不要做些什麼，事實上，只要給予適當的工具加以使用，並支持他們發展技術，他們便可以成功。交流分析便是可以供應這些工具的方法。

為了幫助讀者在本書當中發現屬於自己的方法，我們特別選擇了象徵性的符號來代表每個章節（圖1.3）。

10 **如何使用本書**

- 從頭到尾依序閱讀。
- 隨時翻閱一下。
- 遇到問題時回頭閱讀。
- 把它借給同事。
- 大量地閱讀，並加以實踐。
- 教育孩子這些概念。

- 做行為觀察並且加以檢驗。
- 挑戰這些觀念，發覺缺陷。
- 定期複習。
- 參加課程或者進一步的訓練。
- 開心地閱讀運用。
- 用它來預防而不是治療。

如果你有任何更進一步的體驗，請將您的經驗寫信告訴我們。

處理衝突

規劃夥伴關係：學校裡的契約訂定

提升自尊

情緒發展

發展正向校風

圖 1.3　　章節符號

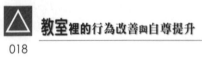

第二章
處理衝突

■ 你花費了多少時間，陷在未曾料想到的衝突中呢？

11

■ 衝突是如何發生的？

■ 你是否正在尋找不同的回應方式呢？

　　在本章節中，我們將檢視衝突以及它對於學校或班級裡人際關係層面的影響。我們將藉由**自我狀態**（egostates）、**交流**（transactions）與**遊戲**（games）等概念，以及它們是如何在人類的行為當中運作，介紹如何應用**交流分析**（Transactional Analysis, TA）來理解衝突。理解當我們陷入衝突時，什麼事情正在進行，可以藉此檢討如何避免衝突。即使一開始的時候，需要投注時間尋找替代的方法處理困難。但是避免衝突，終究可以節省時間，因此也可以避免產生壓力，而這些壓力則是現今老師離開學校最常見的原因之一。老師離開學校這樣的結果，對學生也沒有任何幫助。

　　在學校裡經歷最感壓力的某些狀況，都是發生在沒有充分時間，因而想抄捷徑時。這意味著我們與某個人的關係，經常結束在衝突當中，結果卻是需要花費更多的時間來尋求解套。在學校裡，時間是如此寶貴，我們沒有本錢把時間消耗在衝突上。

　　熟悉衝突的人，經常可以發現自己正在玩一種衝突的遊戲，並且是在事前已經相當程度與熟練地經過了排演的遊戲。容易與我們起衝突的同事、學生以及父母，可能相當地熟練，並且會在我們還沒有時間仔細思考的時候，便引誘我們參與其中。在我們知道自己處在什麼狀況之前，便會發現很少能完成自己渴望成就的目標。

有一個學校老師的案例：「我只需要將湯姆沒有帶體育用品這件事告訴他的母親，但是卻發現自己正在為自己的決定做辯護——為了湯姆沒有帶體育用品，而把他留置在學校。我是怎麼結束這件事的呢？」了解事情有些什麼差錯，可以幫助我們避免更進一步的衝突，並且在未來的處境中做不同的反應。

於是，在這些場景當中，我們經常以一種類似受害者的感覺之下作結，並且總是容易認為別人是「不可理喻」，或者「有攻擊性的」——就如以下的漫畫情節一樣（圖 2.1）。

13　　你發現自己有多麼頻繁地處在這種爭個你死我活的情境中呢？如果是年紀較小的兒童，可能會處在以下這種類型的對話當中：「喔！不，你不行；喔！沒錯，我可以。」

自我狀態

運用交流分析的專業術語，可以描繪一個人所具備的三個自我狀態：**父母、成人與兒童**（圖 2.2）。這些狀態形成我們人格的三個部分，而每一位個體都具備其獨特的內涵。更精確地說，跟隨所處世界的經驗成長，我們會發展出三組的自我狀態。不論年齡大小，所有的人都具有這些狀態，而且我們都是在很小的時候就開始以不同的方式處理現實並加以歸類，因而發展自我狀態。我們可以在年幼到出生沒幾天（Gopnik et al., 1999）的嬰兒身上觀察得到，將事物分門別類似乎是最早期的「思考模式」之一。我們藉由記錄發生在自己身上或者周遭的事情，發展出自己的自我形象。經驗的主觀成分，成為與不同發展階段有關的自我狀態

12

圖2.1

13

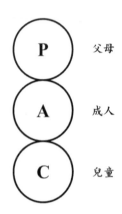

P　　父母

A　　成人

C　　兒童

圖 2.2　　自我狀態圖譜（Berne, 1961）

組合中之**兒童**的部分；對於可能性的評估與客*觀*能力則構成了我們的**成人**；而我們與別人的*關係*，以及對他們的效法與模仿，則成為自我狀態中**父母**組合的部分，其內涵可以來自於周遭許多不同的人物。一如所有的交流分析文獻，在本書當中指涉自我狀態時，都會以**粗楷體字型**（英文則以大寫字母）來標示**父母**、**成人**與**兒童**，以有別於真實世界的父母（母親、父親與其他照顧者）、成人（成年人）與兒童。

　　綜合來說，**父母**包括我們從周遭的「大人」（big people）所拷貝來的所有行為、思想與感覺；**兒童**包括小時候經驗過的行為、思考與感覺，它可能會在當下重播；**成人**則包括合乎此時此地之當下現實的行為、思考與感覺（Stewart & Joines, 1987）。我們在兒童以及稍後的其他時期，藉由與其他人之間的互動，發展自我狀態。當我們面對某些新的與不同的經驗時，自我狀態有些部分可能變得相當固執，有些則可能對改變比較開放。

　　因為我們經驗的「內涵」有三種類型（就是所謂的人格結

14

構），所以我們面對當下處境也會有三種相對應的功能類型。**父母**類型乃是關於我們如何為自己與他人負責的部分，又可以進一步如圖 2.3 所示，區分為兩個部分：**控制型父母**（Controlling Parent）與**撫育型父母**（Nurturing Parent）。它們描述自我狀態的兩大類功能：控制與照顧。源自於這兩類功能的行為，都可以是正向並且有利的，也可以是負向或者帶來局限的。這些行為可以稱之為行為*模式*（modes）（Lapworth et al., 1995; Temple, 1999a）。我們仿效 Clarke（Clarke & Dawson, 1998），運用以下的名詞：**結構型**（Structuring）與**撫育型**（Nurturing）（正向），以及**批判型**（Critical）與**棉花糖型**（Marshmallowy）[1]（負向），來描繪這

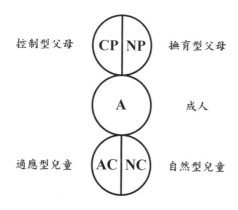

控制型父母　**CP｜NP**　撫育型父母

A　成人

適應型兒童　**AC｜NC**　自然型兒童

圖 2.3　**功能型自我狀態圖譜**（Berne, 1961）

---

[1] 譯註：Marshmallow 是一種藥用植物蜀葵之名稱，蜀葵糖漿即是萃取蜀葵製作而成的藥物。此外，日常生活經常食用的零食「棉花（軟）糖」，英文名稱也是 marshmallow。"Marshmallowy" 此一形容詞在交流分析相關理論的運用，乃取棉花糖的特徵，意指「柔軟甜蜜，卻無實質的營養價值」、「虛有其表，並無真正價值」或「華而不實」的意思。

些行為的特質（參考圖 2.4）。同樣地，關於如何表達屬於我們自己特殊認同的**兒童**類型，則可以區分為**適應型**（Adapted）與**自然型**（Natural）：適應乃回應他人的要求，自然乃是我們的慾望與需求的「自由」表現。同樣地，每一種類型的行為表現都可以是正向的或者是負向的。我們運用**合作**（Cooperative）與**自發**（Spontaneous）（正向），以及**順從**（Compliant）／**叛逆**（Rebellious）或者**不成熟**（Immature）（負向）等名詞來加以形容。順從與叛逆的行為都是**適應型兒童**的負向症候，叛逆行為比較容易造成老師的困擾，而順從則經常會被忽略。順從與合作彼此不應被混淆；表 2.1 闡明了它們的差異。**成人**功能可以被稱為「負責」（accounting）的模式（Temple, 1999a），它關係到現實的衡量，對自我與他人的覺察，並且了解什麼正在進行當中。當我們評估影響某個處境的所有因素時，我們可以選擇採取合宜的正向模式來反應。然而，成人有時候可能會顯得太疏離，其他模式卻反倒可以提供更為適當的反應。

15

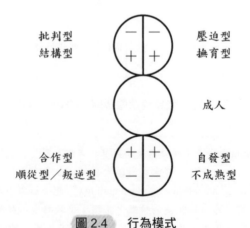

圖 2.4　行為模式

表 2.1　**各種模式的特徵**

16

模式	態度	言詞	姿勢……等	實例
批判型	挑剔的、對抗的、期待順從、懲罰的、唯我獨尊、威脅、警告	「必須」、「應該」、「一定要」、「絕對不行」	緊迫盯人、搖動手指（表示不滿）、叉腰、高高在上、皺眉頭	「滾出我的教室──光說不練，除非你做到，不然就別想回來。」
結構型	肯定的、令人鼓舞的、授權的、設定界限、表達期許、保護安全、維持界限	「將會」、「期望」（清楚）	有節制的、穩固的、有分寸的、專注的、堅決的	「比利，你知道當我在講話時有什麼說話的規則。請你專心聽，就會知道下一步要做什麼了。」
棉花糖型	大驚小怪的、過度保護的、讓人喘不過氣來的、溺愛縱容的、黏膩的、過度緊密的	「讓我來」、「好可憐」、「我來幫你」	撫慰、觸摸、靠在某人身上	「如果你做不到也不用擔心，比利。我知道你在家過得很不好。」
撫育型	鼓舞的、同理的、接納的、感激的、通情達理的、有空的（available）	「喜歡」、「關心」、「做得好」、「需要我幫忙嗎？」	開放的姿態、微笑、掛慮的／令人欣慰的	「比利，我知道你很難專心。來，我幫你起個頭。」
成人型	清醒的、客觀的、合乎邏輯的、實際的、警覺的、體諒的、接納的	「如何」（詢問問題、討論）	放鬆的、感興趣的、機警敏銳的、眼光接觸	「好的，比利，我們其他所有的人都試著要繼續做功課。你想要現在繼續並且完成它，或者是想要在休息的時間讓我陪你繼續做完功課呢？」

表 2.1　各種模式的特徵（續）

模式	態度	言詞	姿勢……等	實例
合作型	友善的、體貼的、篤定的、說話得體的、恭敬的、有自信的	「請」、「謝謝」、「幫忙」（提出要求、聆聽）	專注的、克制的、有禮的、自動的、分享的	「比利，你舉手提出要求，做得好。你需要什麼幫助呢？」
順從／叛逆型	順從的、焦慮的、討好的、哀鳴的、退縮的／頑固的、叛逆的、挑釁的、攻擊的	「不可以」、「不會」、「試圖」、「希望」	垂頭喪氣的、封閉的、撇嘴的、苛求的、詛咒的、叫囂的	「不行，你不可以去廁所！你把我的課堂搞得一團亂，我受夠你了。」
自發型	好玩的、有創意的、精神抖擻的、精力旺盛的、表情豐富的、充滿動機的、好奇的	「喔」、「真棒」、「好好玩」、「要」	輕鬆的、真實自然的、熱心的、頭偏一邊、快樂的	「沒錯，來吧，大家一起來。我們來比賽。最先答對問題的兩位同學，可以選擇最後五分鐘想要我們大家做什麼。」
不成熟型	不負責任、自私的、粗心大意的、輕率的、不假思索的	「不要」、「我」、「我的」、「不」	失去控制、不恰當的、情緒化的、太吵鬧的	「喔喔，讓他們在這麼冷的天氣裡再等一會兒。我得喝完我的咖啡。」

15　　　　我們與他人間的舉止行動：我們的互動、溝通（或者缺乏互動與溝通），可以運用這些模式加以描繪，它們部分仰賴於構成自我狀態的信念、策略、模型以及「歷史紀錄」。我們的負向行為有時可能是缺乏學習，或者是缺乏對不同選擇與策略的覺察所造成。我們可以在當下改變，並且學習新的行為舉止，轉換成為正向的選項，促進溝通與增進成效。同樣地，因為我們可以學習新的行為舉止，我們也可以透過吸收新資訊或者不同的方法，並

且在必要時檢視我們對自己與他人的信念，更新自我狀態。這是一種動態的歷程，並非如更新電腦程式一般一蹴可及。

我們過去所熟識的老師，會影響**父母**思考、感覺與行為；在學校的經驗則形成部分的**兒童**自我狀態——這些全部都會有意識或者無意識地影響我們在教學中的選擇。功能良好的**成人**，則會一致地整合源自於**父母**與**兒童**的相關資訊，藉由選擇與使用在所處的環境中，可以發揮效果的正向模式，對當下的情境做適當的反應。當我們沒有這麼做的時候，可能只是自動化地反應，就好像重演過去的場景一般，由於沒有考量當下處境的各個層面，於是便可能沒有產生效果。

看一下表2.1，想想自己在什麼時候表現得與表中所描述的模式一樣。　　　*16*

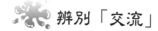 ## 辨別「交流」　　　*17*

在本章稍早所呈現的漫畫，當中出現的老師與學生是處在哪一種模式當中呢（圖2.1）？至於這些特質運用的是哪一種功能模式？語言可以透露給我們有用的跡證：

老師：「坐下，我要開始上課了。」這是直接的命令，被視為來自於**結構型父母**。學生的反應是穿著外套坐下來，這姿態是源自於**叛逆型兒童**，就如同語氣冷淡地表達拒絕。**叛逆型兒童**是**適應型兒童**的一部分。如果正處在適應型兒童當中，要不就是順從，不然就是叛逆。在這段場景當中，這個學生是相當叛逆的。

每當與別人溝通時，我們便是正在進行交流。這段衝突當中

的交流是*互補的*，它們可以不斷地繼續下去，永無止境。每一組交流都包含一個刺激與一個反應，如圖中箭頭所示（圖2.5）。在互補交流當中，箭頭是平行的，指向的自我狀態就是回應的部分。

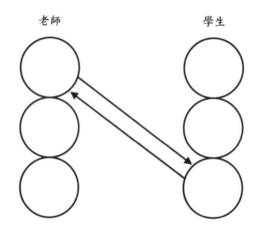

圖2.5　交流圖譜：父母─兒童交流

父母與**兒童**模式好像磁鐵一樣彼此吸引，**成人**則被**成人**所吸引。老師經常認為自己掌握狀況，然而當學生試著由負向**兒童**模式與老師溝通時，卻傾向於吸引了老師的負向**父母**模式。在擁有足夠的時間思考之前，老師透過負向**父母**模式，對行為冒犯的學生做出反應，而被拉進衝突當中──如此看來，究竟是誰在主導局勢呢？

如果將漫畫中的衝突轉譯為交流的過程，每張圖看起來都一樣，因為每次都重複相同的交流。就好像網球賽一樣，在**批判型父母**與**叛逆型兒童**之間，口語的球來回穿梭彈跳。隨著語言與姿

勢的變化，賭注愈來愈大，但是交流的類型不為所動，直到最後一格漫畫，有人離開了房間（圖2.6）。於是我們可以看到不一樣的交流了，就是所謂的**交錯交流**（crossed transaction）；它通常會以某種方式終止溝通，而且接下來會有不一樣的事情發生。

- 如何才能停止衝突呢？
- 老師或學生可以有什麼不同的作法來避免衝突呢？
- 如果已經引發了衝突，他們有什麼作法可以停止衝突呢？

　　上述大部分場景裡的交流，都是互補或平行的。為了要有不同的結果，必須有人來改變球的方向，或者「錯開」（cross）進行中的交流。這意味著由不同的模式來反應，藉此邀請另外一個人從不同的模式加以回應。在漫畫中，交錯交流可能已經改變了這個特殊場景的結局，但是可能還沒有辦法有效地解決問題。我們也可以運用正向的方式錯開進行中的交流，以下就是一些可能的選擇。

　　老師可以注意到學生看起來沮喪的模樣，於是暫時忽略她，直到課程開始之後，再以詢問「你還好嗎？」的方式來接近她。這種反應仍然是來自於**父母**，但卻是從撫育的部分表現出來。學生很可能還是會停留在**兒童**，但是會從**自然型兒童**來反應，並且可以表達她的感覺或者說明遲到的原因，抑或轉換到合作模式，並決定順從指示來回應老師的關心。這樣的接觸過程可以給學生空間來安頓自己。

18

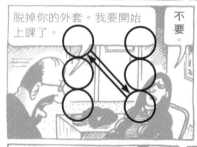
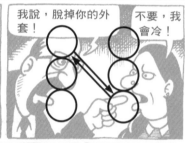
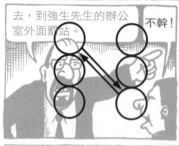

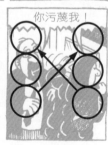

圖 2.6

老師可以忽略她的舉動，因為他懷疑這個學生想找麻煩。這 *19* 種反應可能源自於運用邏輯思考面對當下狀態的**成人**。這個決定 並非允許該學生與校規或者班規脫鉤，而是考慮在不同的時間點， 運用不同的方法處理這種特殊的違規情況。所有的行為都在對我 們溝通些事情，因此如果忽略或置之不理，將來則會耗損我們更 多的時間。我們都應該了解，所有行事作為都有其後果，藉此幫 助自己進一步學習與發展。因此對於一個熟悉衝突的人，將記得 有別於短兵相接的選擇。不願意面對衝突事件，下回將導致更為 嚴重的破壞性行為，事情會發展到什麼程度，就得看你什麼時候 要做出反應。答案經常就在兩極之中，針對不同的學生、父母以 及老師，在不同的時間點，需要運用不同的方法。現在投資一些 時間，可以為將來節省更多的時間。

在相同的衝突事件中，可能有另外一種發展。老師就讓那位 *20* 學生穿著外套在她的椅子上坐好。當開始上課的時候，老師走向 該學生並對她說：「我要你脫下外套，開始做功課。如果你決定 留在這裡什麼也不做，那我會在休息時間找你談話。如果因為某 些事情困擾你，讓你沒有辦法做功課，你現在便可以去跟校護或 者是你的導師談談。」在小學裡，老師可能會同意在休息的時候 與這位小朋友討論。老師的反應並非因屈服而允許學生可以違反 校規；而是選擇另一種反應的方式，可以讓老師繼續完成課堂上 教學的主要任務。這也可以讓班上的其他同學看到老師如何處理 這位學生。這經常是老師相當關心的——也就是不應該被當作是 屈服與投降。界限對我們所有的人都相當重要，但是重點是行動 的成果為何。這並不需要使用面質性（confrontational）的方式來

達成目標，一般說來，非面質性的方式可以比較快速有效，而且比較沒有壓力。

老師面對課堂上的困難，可以反應到何種程度，會有不同的感受，絕大部分乃取決於學校的狀況。在訓練中，許多老師告訴我們，忽略輕微的問題會有風險，因為如果剛好有資深的老師經過，他們可能藉由不必要的介入來貶抑你，或者直接就斥責這位老師。校風如何影響成人與兒童面對困境的彈性，仍有諸多相關議題需要深入探討。下一章將討論到學校生活的部分，我們會介紹課程協商、學校與個體間的契約等等觀念；在最後一章，我們將會探討校風如何對日常生活情境產生影響。

 ## 為什麼有些人比較會處理衝突？

有些人比較會處理衝突，是因為他們有比較多的機會做練習。

21

> ### 個案研究
>
> 　　吉姆現年十一歲，他與母親及母親的男友同住一起。吉姆只可以做母親的男友要他做的事情，因為他知道如果不這麼做，會被打得很慘。母親的男友只會以負向批判型父母模式與吉姆溝通。
>
> 　　吉姆習慣處在兒童——在順從的適應型兒童中，必須根據母親男友的要求做事。這意味著他相當熟悉於處在兒童，因此傾向於從該狀態與人溝通。有時候他會威脅其他學生，重複演出發生在他身上的模式。吉姆發現很難運用成人與別

人溝通，因為他很少練習使用成人溝通，也很少在周遭的人物當中觀看到成人的溝通模式。遭遇衝突時，吉姆並不習慣運用邏輯思考與自我控制。他一到學校，自動化吸引的便是身邊老師的**批判型父母**。他們的作法正好強化了吉姆居家生活經驗中已經相當熟練的溝通方式。他非常擅長於衝突，經常樂於使用他的**叛逆型兒童**，因為他知道在學校並不會因此被毆打。

並不會因為吉姆運用**成人**的經驗有限，他就沒有辦法獲得協助來練習與發展它（就好比運動可以讓肌肉發達一樣）。他需要一個不會因為邀請而上鉤，進入負向**父母—兒童**交流的良好典範，也需要機會練習為自己思考，並為自己的行為負責。他要有機會來發展這些技巧，然而他卻經常被否定，也被認為沒有能力發展這些技巧，於是一再如此的循環。吉姆需要學習運用與發展他的成人，他需要從自己身上來發展，並且需要很多的練習。

吉姆需要我們給他什麼實質的協助呢？

■ 讓他自己選擇如何行動，並承擔後果：吉姆被賦予決定權，選擇完成工作，而有時間可以使用電腦，或者是留下來，在休息時間完成功課。

■ 就事論事，而非對人：吉姆每次在課堂上舉手發問時，便會受到獎勵。老師也會盡力持續告訴吉姆「他是OK的」，例如會跟他打招呼道早安。

■ 使用開放性問句：這需要花費一番工夫，但是可以讓吉姆

參與問題的解決，終於在與同學共同參與一項有關地理學科方面的參訪時，吉姆有所表現。他表現出全然不同於以往的問題解決能力。這個團體設計了一些與開放性問題有關的開創性測驗。吉姆相當投入並樂在其中，面對挑戰並獲得成功。

- 幫助他發展領袖角色：吉姆被選中參與某個團體，協助教導小小孩一些足球的技巧，並且訓練他們。

- 賦予責任：吉姆透過聆聽小小孩的閱讀，協助他們發展讀寫能力。雖然他還是需要被提醒該去上課，但是他的確做得很好（從小地方做起，並且不要在初遇失敗時便放棄）。

- 聆聽他：吉姆的父親在賽鴿，他有一隻叫阿奇的鴿子。

22

- 詢問問題鼓勵他思考：吉姆正在寫日記，試圖弄清楚自己為什麼在一天當中會有些時候比較專心。他會持續地記錄自己吃了什麼，以及做了什麼。

- 運用時間來回顧與修復：在吉姆面對挑戰之後，給自己中場休息，思考怎麼樣讓自己更好，因此會更有效率。

- 開導他：對他示範成人自我狀態，於是吉姆雖然在面對困境時，並未受到叫罵，但是仍舊感覺相當難過，不過他還是有機會談一談，並且學習不同的反應方式。

　　學校裡某些最有效的學習，正是發生在學生犯錯的時候。在越野識途比賽或任何基本的閱讀地圖活動中，老師會先選擇一處安全的區域，以確保學生不會陷入任何危險處境當中。迷路也是

學習看地圖的過程。指引與資訊雖可以提供協助，但是他們仍需冒險一試，並且可能犯錯，於是才可能有效獲得真正的學習。資訊與指示源自於**父母**，但是驗證與試驗則是來自於**成人**。

 ## 連結自我狀態與學習

健康的學校在個人與組織層面會同時展現所有自我狀態以及正向模式，賦予學生時間探討，並為自己做修正。同樣地，學校也會認同學生需要發展的領域，並提供許多諸如吉姆這個案例中**成人**的練習機會（請參考第六章的深入討論）。

並非因為承擔親職般的責任，學校裡的老師、課堂助理，以及其他大人就只能以**父母**行動。維護安全與福祉的責任，經常與權力及控制有所混淆。

圖 2.7 顯示 Crespelle（1989）提出的組織模型，菱形表示我們所處的角色。根據定義，老師將扮演課堂上比較高層的角色——負有責任制定環境結構、維護環境安全，並且發號司令。學生則扮演較低層的角色——接受教導並且擁有受到保護與指導的權利。在教師休息室裡，彼此討論問題的老師們擁有平等的角色。這些角色並不妨礙我們使用所有可運用的自我狀態。老師處在「較高層」，可以採用**父母**的知識與經驗、**成人**的現實判斷，以及**兒童**的創意，於是老師既可以建立結構、照顧學生、思慮周詳、協調合作，並且也可以自動自發。學生雖然處在「較低層」的角色，但也可以有相對的發揮。

解決衝突的秘訣就在於做改變。你可以看到當某個人做出轉

23

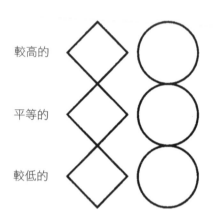

較高的

平等的

較低的

圖 2.7　角色（Crespelle，1989）

變的時候，衝突也就會有所變化。

■ 這意味著你需要錯開交流，邀請（invite）不一樣的反應。

■ 必須切記，要從正面而非負面看待其他人。

以下有個案例，剛開始雙方處在**父母**與**兒童**的負向交流中，也就是衝突或衝突的開始：

老師：「莎拉，你可以閉嘴嗎！你總是在我的課堂上說話，我受夠你了。」——**批判型父母**。

莎拉把老師的話當耳邊風，繼續說話——**叛逆型兒童**。

老師發出嘈雜的雞叫聲。全班哄堂大笑，老師與莎拉也都笑了出來，於是課程順利進行——**自然型兒童**。

解決的方法就是採用正向模式替代負向模式，或者運用另一種自我狀態。如果你換成另一種自我狀態的負向模式，還是可能

中斷溝通。在過程中，如果你小看了別人——或是交流分析中所使用的名詞：**漠視**（discount）——你將為自己日後儲存了煩惱，或者是在不同時刻的另外一個場合，你也會招致等同的漠視。譏諷嘲笑或者在全班面前讓學生難堪，就是一個很好的例子。即使當下看起來並不顯著，學校的老師與其他成人也千萬不要低估自己對學生的影響。輕視、譏諷與漠視都會招致衝突，終究也會影響學生的學習。漠視將降低學生的自尊心，並導致學生比較不願意冒險與人建立關係以及學習。正向地錯開交流可以轉化溝通，負向地錯開交流則中斷真實的溝通，直到有些狀況改變而又能重啟溝通為止。

 ## 戲劇三角與贏家三角

24

另外一個避免衝突的方法是認清負面邀約，並避免掉進圈套。

當你發現自己身處熟悉並且不舒服的情境當中，好比感覺到「我好像來過此地」，或者「這種事為什麼總是發生在我身上」，這可能就是交流分析所謂的**遊戲**。

遊戲是一系列的交流，最後會導致彼此付出不愉快的代價。遊戲是一種我們很容易進入的行為模式，我們很早便學會使用這種方式。即使不喜歡它的結果，我們仍持續地以類似的方式，與其他相關人共同參與演出。遊戲並非由**成人**執行，遊戲經常一次又一次地由一群相同的玩家參與演出，結局也都是一樣的。

我們來看看Karpman（1968）的戲劇三角（Drama Triangle），藉由圖示來了解遊戲。這是一種用來分析心理遊戲的方法，好比

恐怖電影中的演出。

戲劇三角有三個角色（如圖 2.8 所示）：

■ **受害者**──「我已經很努力了，但還是沒有辦法改變它。」

■ **拯救者**──「我只是想幫忙，想辦法為你解決問題。」

■ **迫害者**──「你應該照我的方式做，一切就會沒事的。」

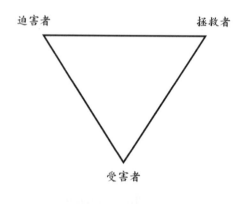

圖 2.8　戲劇三角

看到圖 2.1 與 2.6 的漫畫，你可能已經想到，學生與老師雙方在語言背後都有未曾說出的議題。這些隱藏的訊息決定了交流的結局──每個人在結束時獲得特殊的負向安撫，遊戲所「付出的代價」。

受到這些非語言的訊息──學生可能有相當好的點子，要來應付老師要求副校長強生先生前來的動機。玩家會選擇遊戲當中的一角，當遊戲進行的時候會轉換角色。開始的時候，學生可能扮演受害者，但是很快地會轉換為迫害老師，然後老師會奮力地找來更強而有力的迫害者還以顏色，這個人也同時是在拯救老師。

25

個案研究

　　在學校裡，有位特定的學生每星期在同一堂課裡都會被趕出去，然後送交某位資深教師處理。他每星期都得吃著餅乾和老師聊聊，然後再到下一堂課去。沒有任何改變發生，這個學生每週還是會有相同的行為出現，然後被趕出去。這位任課老師常常都會抱怨在學校裡處理問題學生的過程，是如何缺乏支援。而資深教師每星期也都會知道這位學生又再犯錯了，然後又是一陣的惋惜。即使這位學生有他不為人知的家庭背景，但不管如何，特別是這位老師總是會把他趕出去，然而顯然並未讓情況獲得控制。面對這種情況，沒有人會感到快樂。學生沒能上課，資深教師有許多的文書工作處理不完，任課老師則覺得不被支持，甚至有被輕視的感覺。這位任課老師似乎在迫害這位學生，然後表現得像似受害者一般，請資深教師以及同僚來拯救。而這位資深教師為了拯救這位學生以及他的任課老師，沒有辦法好好完成自己的工作，於是感覺自己是個受害者，然後可能在私底下或者是在辦公室裡，會來迫害這位任課老師。至於這位學生在課堂上好像是受害者，也在資深教師前扮演受害者的角色，但事實上對任課老師而言，他卻是個迫害者。遊戲三角的角色彼此交替互換，但就是沒有贏家（見圖 2.9 與 2.10）。

26

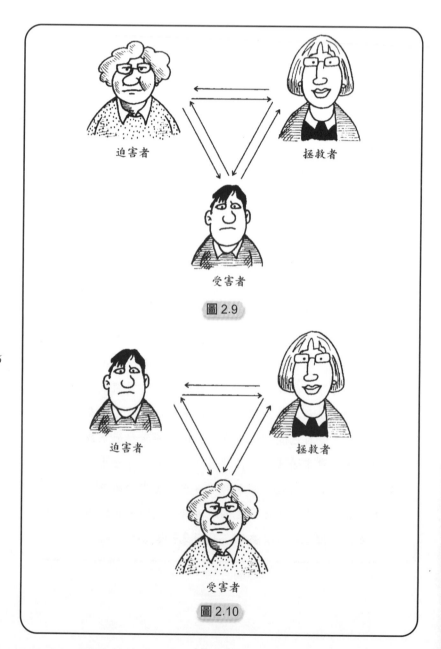

圖 2.9

圖 2.10

這些角色如何變得更有效能呢？戲劇三角的每一位角色都有一個清楚的任務：受害者有問題需要解決，拯救者真正地關心別人，然而迫害者想要限制他們的期待（Choy,1990）。要讓這些以正向的方法加以實踐的話，需要有些新的步驟：

■ 受害者需要表達感覺——誠實地告訴其他參與遊戲的人。然後開始解決問題——老師、學生與資深教師需要談談他們的感受。

■ 迫害者需要準備改變，並開始設定界限。藉由專注於自己的專長，以及成功處理某些特定問題的經驗，強化其他遊戲參與者的能力。

■ 拯救者需要負責任，支持別人為自己的需求採取行動，並且停止為別人做事。

資深教師需要提供時間，在約定的時間內，同時支持老師與學生，並且留下時間可以處理自己的文書工作。如果她沒有辦法提供所需要的支持，那麼她應該找另外一個有能力的人幫忙。不論如何，她需要先確定其他參與者是否都有盡力解決問題，再決定是否參與這場遊戲。資深教師將會加以確認，在學生離開教室之前，這位任課老師是否會採取某些必要的步驟。結果應該要與學生的行為有所關聯，達到預期的效果，也就是能制止引起關注的行為。

在適當的時機，所有遊戲的參與者需要就彼此的期待與需求，重新審視約定的契約。並在經過一段時間之後，回顧這些安排是否妥當。

27　　　　（正向）弔詭的是，在**贏家三角**（Winners Triangle）中，我
們可以做好準備與負責任，並表達我們的感覺——在同一時間裡！
這個贏家三角的版本（圖 2.11）是擷取自 Napper 與 Newton
（2000）所提供的概念。

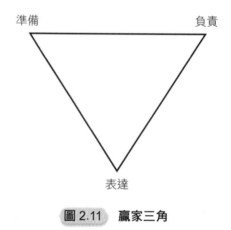

圖 2.11　贏家三角

　　遊戲經常導致或者涉及衝突，浪費時間與精力，它們是習慣
性的，有時候很難發現與了解我們正身處其中。它們經常會帶給
我們不愉快的感覺。我們經常是在已經脫離了這種「中獎」或者
「被逮到」的感覺之後，仍只是覺察自己曾經涉入遊戲當中罷了。
不論如何，這正是運用戲劇三角的時機，分解我們所扮演的角色，
並且思考下一次可以做些什麼嘗試，來扮演贏家的角色。**Karpman**
提到每一個遊戲三角的角色只有「10% OK」。我們出於善意處理
一個問題，提供幫助，表達我們可以做些什麼，或者不能做些什
麼，然而因為我們缺乏達成目標的策略，因此出了某些差錯。思
考在處理衝突情境時，我們可以如何做改變，開啟實踐不同選擇

的歷程。

　　遊戲可能是我們習慣用來獲得自我認同的方法。衝突對所有的關係人都是不愉快的經驗，那些最擅長衝突的人，經常都是我們在教學中最需要介入的人物。思索衝突以及衝突是如何展開，將有助於發展人與人之間更具建設性的對話，對每個人也都會有正面的意義。稍早的漫畫裡，描述了教室中衝突後的場景。學生離開了，然後班上的學生與老師會有怎樣的一堂課程呢？「你需要輸掉一場戰役，來贏得戰爭的勝利。」這句諺語有些誤導，換句話來說比較恰當：「選擇戰場，記得你應該參與哪場戰爭。」「沒錯，我的任務是教英文，不是要在與學生的衝突中獲勝。」我們經常會迷失了主要的方向。為了避免這樣的狀況發生，我們需要定期修正我們的目標。

第三章

規劃夥伴關係：
學校裡的契約訂定

■ 你是否曾心存疑惑，不解為何工作中的夥伴關係會出差錯？　*29*

■ 有沒有想過，事實上你已正在處理與同事間的衝突？

■ 你有沒有懷疑，為何有時候處理行為問題，會讓你感覺好像進入一場老師與學生間的戰爭？

　　本章將探討交流分析的概念如何影響校園事務的約定。我們指出有關傳統契約訂定之局限的某些議題，並提供學校員工與學生間建立有效關係的可行辦法。在許多領域當中訂定契約的過程，絕對是成功運用交流分析其他概念的基礎。沒有契約，也就沒有交流分析。

　　讀者可能相當熟悉正式契約的概念。行為約定多年來已經被老師運用在特殊學生問題的處理上。自一九九○年代初期開始，家庭與學校間的契約也已經實施多年；現在需要的是在兒童進入學校之後，便開始做適當的安排。兩種狀況所運用的基本原理，都是在於澄清彼此的期待，強調對進一步可能遇見的困難有所預防。

　　或許學校裡最常見的契約形式，是建立在老師與行為偏差的學生之間。起初，低調的策略失敗了，於是老師認為必須透過教牧經理（pastoral manager）[1]或者特殊教育需求協調專員的介入，採取更為明確的措施。高中學生可能因此被列入需接受訓導的名單，國中小學生則將被規劃接受輔導，作為個別教育計畫（Indi-

1　譯註：教牧經理為英國中小學學校體系中之職務，主要的服務對象包括自願的以及有行為問題的學生，負責與家長、監護人，或者諸如青少年犯罪預防或社會服務組織等外部機構做聯繫的工作。

vidual Education Plan, IEP）[2] 的一部分。以上兩種狀況，「契約」

（contract）都是一種工具，學校藉此可以鼓勵學生認同適當的行

為規範，並可辨別出持續帶來困難的處境。

同樣地，建立家庭與學校間的契約，促使學校開始就學生的

行為對家長有所期待。以某些案例來說，這含括了家長與學生本

身，因此可以從學校獲得全部的教學內容摘要，了解對學校可以

30 有什麼期待。許多案例的確也顯示，家庭與學校間進行約定的過

程，在處理行為問題面對所湧現的困難時，成為一種維護學校地

位的機制，並可藉此相當程度地降低家長參與的阻力。這個趨勢

顯著反映出家庭與學校間建構共識之歷程的本質；政治人物近來

也已傾向於支持學校校長與家長共同負責面對問題，特別是在面

對困難的問題時。不論如何，當我們以交流分析的角度，來思考

訂定契約這件事的時候，將這些「契約」以不同的名稱與狀況分

別看待，可能更為妥當。

為什麼要有契約？我們需要契約嗎？
辨別契約建立之目的、結果與議題的重要性

在學校裡，建構契約這項工作幾乎都是與該為另一個團體做

些什麼事有關，經常是有關初步的協調工作，很少會涉及充分地

---

2 譯註：個別教育計畫（IEP）乃針對學習障礙的學生，綜合考量學校課程
規劃與學生之特殊需求所設計之教育方案。學校需要與家長及學生討論，
決定個別教育計畫，由關鍵階段 3 或 4 的教育目標中，選擇溝通技巧、
數學、行為，或者社會技巧等特殊需求，作為個別教育計畫強調的內容。

理解契約與其內容。其他經常耳聞的挫折則可能與傳統契約的局限有關，包括：

■「這位學生實際上已經跨越了界限——他（她）三度忘了／毀損／或撕破自己的成績單。」

■「在這裡與家長的互動，麻煩的是他們根本不重視教育。」

以下是其他某些評論，顯示學校當中缺乏明確之訂約體系所造成的局限：

■「我班上的學習支援助理（learning support assistant, LSA）[3]完全沒有功能。他根本就鄙視我正在對學生或團體嘗試進行的工作。」

■「這根本上就是教職員與學生／同學／或教職員間人格上的衝突。」

■「我們特殊教育需求部門並不『處理』行為，那是年級主任的責任。」

■「我敢說如果我們教學助理在教室，老師就會把所有學生或

---

3 譯註：學習支援助理（LSA）為英國中小學的職務編制，主要的工作任務為督導教室學生。學習支援助理需要與老師合作，接受老師的指示，完成課程前的準備計畫。其工作內容包括協助教導學生基本的數學與閱讀能力，為母語非英語以及有學習障礙的學生提供額外的協助，鼓勵行為偏差的學生採用社會化的人際互動技巧，監督學生完成老師交代的作業，收集學生完成的作業，協助老師準備上課的教材，以及在電腦課程提供基本的資訊技術支援等等。成為學習支援助理需要具備與學生溝通的技巧，能夠與教學團隊合作，具備耐心與彈性的人格特質，具有熱忱與動機學習扮演好其專業角色。

團體的問題都丟給我們處理。」

■「這個班級只會讓我感覺是我在跟他們作對。」

■「雖然我們知道學校的課程有必要分門別類,但是麻煩的是,處理行為問題的責任好像總是落在教牧團隊身上。」

■「我們希望學習支援單位（Learning Support Unit）[4]成為教職員的資源,但是我們卻沒有時間處理接連不斷的轉介。」

以交流分析的觀點來說,契約不僅在外顯與正式的層面操作,也可以用來了解實務工作在檯面下所進行的是什麼。例如,大部分行為契約的焦點,傾向於集中在老師對學生的期待上——這被視為一種雙方契約。這種型態的契約很容易造成明顯的局限,因為有效的契約很少只表現在兩個領域當中。以下行為契約的案例中,包括老師與學生雙方都需要符合學校的期待（見圖3.1）。任何契約的協商,如果並未由參與之各方,清楚地將彼此的期待做成書面紀錄,都很容易導致失敗。理由相當簡單:在這個案例中,學校這個第三方的期許,不僅經常是參與契約之各方背後的主要動力來源。真正重要的是,能夠看到這齣場景背後所牽繫的力量。

❖┄┄┄┄┄┄┄┄┄┄┄┄┄┄┄┄┄┄┄

4 譯註:學習支援單位乃是英國政府為了改善學生行為與降低退學率的政策當中的關鍵策略之一。學習支援單位設置於學校當中,輔導因家庭或者社會因素導致情感疏離或有被退學風險的學生。學習支援單位提供短期的教育與支持計畫,協助需要的學生,改善他們的行為、出席率或者學習態度。目標是把學生留在學校,處理問題並協助學生盡快回歸一般的教學課程。好的學習支援單位對學生的學習態度與出席率,的確帶來正向的影響。教育標準辦公室（OFSTED）聲明表示,良好規劃與經理的支持計畫,的確有效協助遭遇情緒與社會問題困擾的學生。

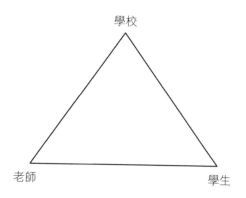

圖 3.1 三角契約

學生經常察覺不到學校對老師的期待，期待老師教導某些特定的課程、維持秩序與紀律、遵守健康與安全的規範，以及其他學校所制定的要求。

讓我們更仔細地檢視這個案例。某位一年級的老師關心一位學生，這位學生似乎是不停地在教室裡閒晃，拒絕做功課，在閱讀寫作的練習時間裡不停地說話，並在團體活動時干擾別人。這位老師很有經驗，嘗試了許多低階的技巧——規範增強（rule rein-forcement）、特殊課程（differentiated tasks）、更換座位（changed seating plan）等等。然而，困難依舊存在，於是該名老師進一步執行典型行為契約的協商。

對這位老師來說，關鍵之處在於如何進行一項（甲）可以持久，並且（乙）雙贏的交易。在老師與學生進行任何有關契約的討論之前，極為重要的是，參與的任何一方如何在學校環境的脈絡當中，彼此分享相互間的關係。基於不同的角度，老師所關心

32

的行為涵蓋許多學校生活必需的要求。執行學校閱讀寫作課程計畫的要求、提升學習成就的驅策力，以及對課堂秩序的一般期待，都是促成老師關注學生的主要動機，這些都分別基於每個學校不同的核心價值。契約之*目的*無可避免與其內容脈絡緊密關聯。

學生也將會對學校的期待有所認知，不僅是在行為層面，而且也將對其求學目的具備一種更為廣泛的理解。建構對這些期待的理解，關鍵時刻就在協商剛開始的時候，理由是此刻雙方正需要針對驅使雙方進行約定的壓力與議題，以及可能的誤解或者幻想進行澄清。

澄清契約的目的，是形成有效契約的系列原則之一。在學校工作中，這點倒是很容易被忽略。匆促地決定執行的細節，各方可能都對工作有各自的假設，並且可能都對各自的角色有相當大的誤解。表 3.1 說明某些活動的案例當中，驅策工作進行的目的，以及可能存在的誤解或者幻想。

澄清契約目標的工作，就是要就各方對契約活動之期待，達成共識的一項事務。省略了契約目標的討論，可能導致各方對成功的看法有所分歧。例如，假設有位助理被安排在某個時段到某班級去，重點是班級老師、助理與學生都需要清楚了解該助理是要來：

33

■ 一般性地支援該課堂教師。

■ 處理特殊學生團體。

■ 處理所有學生事務。

唯有在此方面澄清清楚之後，同事們才開始可以分辨是否能完成這項活動。以老師的眼光來看，如果該助理的角色是做一般

表 3.1

32

活　　動	目　　的	幻　　想
針對關鍵階段 4（KS4）[5] 的叛逆男學生所規劃的工作團體	這個團體的成員乃是被教牧團隊視為最可能被退學的一群學生——這個工作團體的目的是要提供支持，協助他們保留學籍	• 這些男孩相信他們會持續不斷地被教職員找碴 • 這些男孩知道他們是「特殊學生」，特別受到叛逆女學生的偏愛 • 學生們因為不良行為而受到肯定，教職員感到相當憎恨
安排額外支援的工作人員進入二年級的班級	該班級老師被認為在教學計畫與教導關鍵主題的內容上有所困難。有許多學生現在已經落後課程進度	• 該班級老師相信資深主管現在已經了解他教的是行為問題相當嚴重的班級 • 班級老師相信他的課程已被選擇作為支援助理鍛鍊技巧的機會 • 該助理了解他正在處理的學生有特殊的教育需求
針對個別學生建立家庭與學校間之協定	學校正在了解學生的行為困難，並且相信與家長聯盟將有助於減少問題	• 家長認為學校因為小孩的行為而責備家長 • 小孩相信所有的大人都會找他的麻煩

性的支援，這意味著老師會有更多時間可以與學生直接接觸，可以指導特殊需求或者頂尖優秀的學生，也可以協助學生完成作業或者準備報告。如果助理的角色是特別針對某一群學生，就要以不同的眼光看待成功的目標，可能是更加強調個別學生的進展，

33

5　譯註：KS4 為 Key Stage 4 的簡寫，為英國國家教育學程（National Curriculum for England）的其中一個階段。KS1 是五到七歲；KS2 是七到十一歲；KS3 是十一到十四歲；KS4 則是十四到十六歲的階段。

以及增添學生的自信。

學校裡的契約訂定，有時會過於專注在描述彼此該做些什麼，而忽略了各方想要透過合作達成什麼目標。在某些案例當中——特別是與額外支援這方面，不管是經過內部或者外部機構的安排——很可能都會過於強調「輸入資料」（input），但是卻徒勞無功。有效的訂約歷程包含與期待之結果有關的前置討論作業。

在學校裡訂定契約可能遭遇種種困難，其中之一就是在探討契約活動的廣泛內容時，同儕間所瀰漫的不滿情緒。例如，在英國教育標準辦公室（Office for Standards in Education, OFSTED）[6]視察前後的一段期間，學校可能會有一大堆的事情要應付，導致工作優先順序需要重新安排。有時更可能帶來員工角色的改變，或者發展出某些活動，例如調動中階主管、建立反霸凌方針，或者安排經驗分享與交換意見的時間。也可能包括要為學生或者老師啟動關鍵發展工作之焦點團體。在這所有的案例當中，將必須揭露視察前與視察後的活動計畫，作為工作的驅動力。未能做到這一點，將使得同事與學生對目標無限的遐想。在此階段，值得加以思考某些問題，這些問題包括：

■ 現在為何要發展這項工作？

6 譯註：教育標準辦公室（OFSTED）為英國在一九九三年依據一九九二年頒布之「學校教育法」（Education School Act）所設立之非內閣政府部門。該辦公室負責檢查私立與州立學校、地方教育部門、兒童日間照護與兒童看護機構設置標準，監督私立學校監察機構（Independent Schools Inspectorate）的工作，提供英國政府與國會中立的政策建議，並且針對英國教育資源品質對國會提出年度報告。

■ 我們要如何知道是否會成功？

■ 是誰希望開始這項工作？

　　展現第三者的影響力，可以成為高度有效的機制，藉此去除個人化契約處境。雖然經常會發現除了第三者之外，還有第四者或第五者，這種歷程還是歸類為**三方契約**或**三角契約**（three-cornered contracting or triangular contracting）（English, 1975）。有許多影響學校工作的三角契約，我們將部分契約形式呈現在圖 3.2 當中。藉由揭示可能被視為「巨大力量」的影響力——這種力量在契約協商過程中很少會以身體的形式出現——對於建立堅實的契約，參與協商的各方可以擁有更合符現實的期待。實質上，訂定契約這個階段展現影響深遠之議題，使得彼此的合作關係有了明朗的安排。

35

　　理想的協商中，應該有各方代表出席，表明各自對於目的與結果的期待。然而，由於學校同仁的時間有限，導致經常難以安排妥當。有時這可以藉由「委託代表」加以克服，例如：校長可以委派特殊教育需求協調專員（SENCO）代理，協商如何協助特殊兒童。重點是要了解，只要第三者缺席的話，誤解的可能性就會增加。當新的計畫並未依照主管的意思進行時，這時會產生特殊的影響，感受就像遭受挾持或者誤解一般。至於複雜的工作，例如政策發展、焦點團體、涉及其他學校或者機構的事務，建議您最好在完成溝通，以及包括代表的委託之後，再開始提出計畫。

　　三方契約的概念可以應用在許多需要彼此合作的情況。它可以用在個別訓練、特殊短期計畫或者長期工作規劃當中，在所有的狀況中，建立契約的原則都是相同的。協商角色與責任的方式，

34

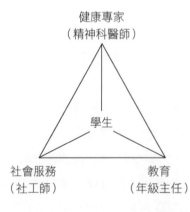

圖 3.2　三角契約範例

反應出稍早章節已經討論過的所謂「**成人行為**」。這也是一種審慎的步驟，可以避免誤解，並且減少第二章所討論過的「玩遊戲」（game-playing）或者「戲劇三角」等情況。 *35*

「我可以使用哪間教室？」契約中內部事務細節的重要性

　　讀者可能經驗過抵達教室準備上課時，卻發現教室的門上鎖；甚至，保管者顯然只有一副鑰匙，但是他卻整天都有事要忙。或者可能有兩位已經安排共同合作上一堂課的同事，兩人都認為對方已經為學生準備好教材的影本。在這兩個案例中，所規劃的工作都可能出於疏忽而被嚴重地侵害。

　　與同事協商的過程，我們可能十分容易忘了*程序面*——契約的內部事務的重要。經常很可能是因為合作夥伴彼此的熟悉度，或者在討論中，因為過度專注於描述什麼似乎是更重要的議題，例如：專注在哪個議題是否應該納入，或者如何分辨哪幾個特定學生等，而造成了疏忽。有些程序的問題可能是這樣的：

- 工作要在哪裡進行？ *36*
- 什麼時候要進行？多久進行一次？
- 需要哪間教室／什麼設備／哪些資源與資料的備份？什麼人負責處理這些事務？
- 有沒有任何基金資源與這項工作有關？誰會提供這項活動所需的資金？

　　在某些案例中，程序細節上的誤解可以被迅速有效地解決。

然而，重點還是要了解，忘記合作關係中顯而易見的事務，會因此傳遞出深具影響力的負面訊息。不變的是，總會有彼此難以達成共識、確定活動的目標，或者過去曾有合作困難的經驗。試想以下的情節：

某位兼任小學特殊教育需求與關鍵階段 3（KS3）的協調專員，有感於六年級的學生面對過渡時期需要有些充分的準備。該校與對應的中學過去有段尚待修復的不愉快關係，現在他正努力與該中學七年級的年級主管重新建立聯繫。然而，該小學的工作人員關切的議題之一，乃是中學教職員工是否會忽視學生在小學的學習成就資料，偏好他們自己的入學評估體制。相關工作的協調出乎意料地相當順利，處理學生的聯合工作熱忱地展開。然而在第二次的會議時，該七年級年級主管忘了預約會議室，於是困難就出現了，參與的工作人員花費了會議大部分時間，四處找尋適當的場所開會。從小學來的工作人員不僅感到失望，也因此心生憤怒。

在這個案例當中，參與過程的程序問題，與契約其他任何一部分均同等重要。七年級年級主管的健忘，點燃了小學工作人員對中學是否重視轉介工作的擔憂。這將導致許多後果，其中之一將是對學校間未來的任何計畫心生更多疑慮。在簽署有效的契約時，工作人員如果忽略了程序的細節，將導致危險的後果。

過程的支架：在契約協商過程中，對能力加以定義

對許多學校的員工來說，拒絕別人所要求的協助、建議或者支援，可能有所困難。這經常是屬於教室以及有效率的體系中，建立合作團隊、良好關係一塊重要的領域。關於與同事訂契約，總是回答「同意」是否會有幫助，在某些特定層面是相當存疑的。

合作夥伴為何會拆夥，其中一個理由就是在活動過程中，彼此逐漸了解工作所需的專業超越彼此的能力範圍。有個案例是這樣的，一位教室助理與某位特殊教育需求協調專員約定，同意協助一位九年級生發展讀寫能力。課堂老師因此相當惱怒，因為該助理也有書寫能力的問題，無法有效執行該項工作。類似的狀況發生在校園行為協調專員（school's behaviour coordinator）[7]身上，他誤以為某位有經驗的部門主管已經具備充分的行為理論知識，因此導致對教室管理上不斷重複發生的困境感到不耐煩。

以上兩個案例，雙方可能在建立契約的階段，已經對活動的目的、更為廣泛的內容，以及程序細節層面達成共識。彼此也假設雙方有能力履行契約內容，於是問題很容易就此冒出來。詢問有關能力的問題，需要高度的機智與圓融。為了檢驗專業能力，

37

----

7 譯註：校園行為協調專員為英國中小學的職務編制，該專員具備兒童青少年行為問題之專業知識，以及處理行為問題之技能與人格特質，負責提供校園行為問題的諮詢與處置工作。

需要考慮某些問題，包括：

- 參與這項工作的夥伴擁有哪些專業？
- 他們對即將進行的工作內容有多少熟悉度呢？
- 我們將為這項工作帶入怎樣合作的經驗呢？
- 參與的夥伴是否有過類似的工作經驗呢？

　　許多合作內容的安排，並未將能力澄清列為關鍵議題。在假設各自擁有專業能力下，已經合作順利的同事間可以相安無事，而不需高度專業技術的任務只要稍許的澄清。然而假設狀況並非如此，則相當值得進行更為清楚的澄清。例如，如果學校事務牽涉到外部機構的參與，恰當的作法則是要確定參與人員不僅可以有效執行工作本身，也已充分了解學校政策方案。同樣地，外部機構的人員可能需要考慮該項計畫的執行要件，是否涉及時間安排、技術能力，以及學校員工對執行該項工作的了解程度。

　　能力（交流分析契約的語彙稱之為*專業*）以及程序的目的，在於提供所有參與契約的各方，獲得相當程度的*保障*。它們是在工作開始時訂定的細節，可以提供教職員與學生保障。沒有任何一方應處於感覺容易受到傷害（因為被要求執行超出自己能力的事情）或者氣憤（因為基本的規劃已經被遺忘，而侵蝕了工作的目的）的處境當中。案例之一可能是某位新進合格教師（newly qualified teacher, NQT）[8] 被安排去教導一個有著存在已久和複雜需求的團體。雖然這可以讓經驗豐富的員工獲得喘息的機會，然而事實上，這只會讓新進合格教師與學生都感到挫敗——運用「龐大的力量」來保護某些合作夥伴，卻未經審慎的考慮。

過程、過程與過程

　　無可避免地，契約的討論傾向於專注在同事間打算將如何合作──也就是*過程*。一如我們稍早的建議，學校有時太過專注在契約的這個層面，然而事實上它也的確屬於關鍵的領域。應該在確立工作內容與驅策動力之後，再就此領域加以聲明。對角色與責任進行定義，可為計畫將如何實施提供更為詳盡的輪廓。這就是協商過程的一部分，用來讓同事說明他們即將執行的事務，並定義他們*不會*執行的項目，也能讓大家就程序細節有更為完整的討論。

　　關於過程這個層面，值得進一步詢問的問題包括：

- 我們將如何合作呢？
- 誰要做什麼？
- 各項責任是否已經清楚釐清？
- 如何彼此清楚地分別所扮演的不同角色？

8　譯註：根據英國教育與技術部（Department for Education and Skills, EfES）的規定，如果要在公立學校或者非公立之特殊學校任教，必須要接受強制性新進合格教師之訓練課程，內容包括觀察新進教師與資深教師的教學過程，以及專業課程研討，並且定期接受考核。在達到規定的師資標準，獲得適當的組織機構如英國一般教師委員會（General Teaching Council for England, GTCE）的認可之後，才能獲得正式教師資格（Qualified Teacher Status, QTS），在公立學校或者特殊學校任教。新進合格教師的學校校長，則要負責確保新進合格教師的教學時間不會超過正式教師一般教學時間的90%，使得他們有時間參與規定的訓練課程。

防範未然，避免重蹈覆轍：契約建立過程中心理層面的對話

　　絕大部分建立契約的經驗中，行家會熱中於開始合作形成共同目標。協商過程裡，一般人經常感到焦慮不安，期望誤會可以確實獲得澄清，避免造成不愉快，浪費了時間與精力。一起合作的同事在完整計畫的前提與假設下執行工作，活動顯然比較容易進行。然而，經驗顯示事情往往不順利而且會出些差池：有人生病、行程滿檔、老手走人、新人加入。有許多出乎意料無法控制的因素，參與契約的各方因此可能轉移了合作的方向。

　　此外，仍然會有心理層面的發展，超越了參與玩家可意識到的範疇。協商開始的階段，甚或在活動開始早期，都不會有顯著的徵兆。然而，這些心理因素卻可能成為工作發展過程舉足輕重的關鍵要素。回到表 3.1 的範例中，有種方法可以展示契約建立過程中此一角度的觀察。每個案例中，參與的任何一方腦海裡都有潛在的幻想。開展活動的危險之一，可能就在人們開始行動，並把自己對別人的幻想當真。換句話說，老師雖然確定家長希望他們的小孩留在學校，卻開始投射排斥家長的負面訊息。

　　實際上是，參與的每位行家可能會發覺自己已經不經意地破壞了約定；然而，這種現象也可能只會在實際工作當中才會清楚地暴露。在此之前，合作夥伴可能過於憤怒或者失望，而無法運用有效的方式衡量處境。結果事與願違窒礙難行，某些情況下，在如巨浪來襲般壓倒性的「人格」衝突下，工作因此被棄置。

39

　　發生在學校同仁之間，計畫執行中最常被忽略的考量之一，就是該如何防範未然，避免重蹈覆轍、故態復萌。在我們為了維護夥伴關係持續運作的熱情下，同事們可能十分慎重地考慮，究竟其計畫何以能不輕易受到環境的變遷，或者夥伴們變動的知覺之影響。邀請參與的夥伴探究計畫究竟如何受到侵蝕，這個建議可能有點特殊，然而卻是已被證實為契約運作中極有價值的一部分。

　　舉一位班級老師為例，他在學年開始的時候，運用與班上學生建立契約的方式，建立一套行為規範。要求班級學生對不恰當的行為採取最好的反應便是建構有效方案，用以維持正向與安全工作環境的關鍵。同樣地，在協調學習督導該扮演什麼角色的過程當中，最好一開始便考慮如何避免同仁脫離督導者，獨自在缺乏支援的情況下處理學生的困擾。重蹈覆轍完全是一種常態。在許多情境當中，甚至可以預測會有：人員配置的變化、疾病，以及行為規範的瓦解。契約建構過程中，就潛在的破壞性進行協商，所思考的問題可以包括：

- 合作夥伴如何能發覺自己正在破壞契約呢？
- 合作夥伴可以發現自己哪些作為將危害工作的進行呢？
- 哪些事情可能正對成功造成威脅？
- 當出了差錯時，有什麼因應機制呢？

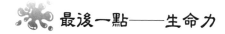 最後一點——生命力

　　建立契約時所須考慮的第六個層面，就是規劃的工作如何能

夠符合參與夥伴更為豐富的成長需求，抑或是其生命力（*physis*，希臘語的意思為「生命力量」或成長之意）。當個體與組織發展的外顯連結有效建立時，員工會有更強烈的動機。例如，重點可能是簡介有關三年級工作團隊交流時間的契約內容，解釋為了提升自尊的目標，而有牽涉範圍更廣泛的學校教育議案。相同地，為了改善兒童在學校的行為，如果也能與在家裡行為的改善之關係更加密切的話，家長可能會有更高的動機參與。

40　　學校可以就不同專業的員工，專款安排領域廣泛的獨立課程。關於眾多課程計畫當中的個別活動如何彼此關聯，契約歷程或許並無益於開啟適當的討論。學校不斷被鼓勵透過學校發展計畫實施工作認證，這顯然是一條為了在組織成長中發展契約下工作之途徑。

為了促進契約中生命力層面的展現，應思考以下幾個問題：

■ 如何使得這項工作與此夥伴關係外的工作和諧一致呢？

■ 其他員工如何能了解他們正在執行的工作與這項活動的關聯呢？

■ 參與合作的所有夥伴是否全都可以分辨出其中哪些是專為他們設計的內容呢？

 ## 建立契約的原則：摘要

不論是否以外顯清楚的方式，或者停留在隱晦不明的層次，學校總是複雜之契約處境所存在的場所。合作的夥伴不論是老師、管理階層、學生或者家長，契約建立的原則必須應用在建立有效、

持久，以及成功的關係當中。以下是這些原則的綜合摘要（摘自 Hay, 1995）：

建立契約：基本原則

契約可以是書面，也可以是非書面的。口頭上的契約仍舊是契約，重點是我們經過討論，並且就彼此合作往來的理由達成共識。契約在不同的層次上運作——每一個層次都需要加以釐清，避免無意間造成傷害。

六項建立契約的原則：

程序上——行政上的細節，例如同事要在什麼時候開會、在什麼地點舉辦、多久開一次會議、由誰來做紀錄、財務程序，以及事務安排，例如可用的資源、資料影印等等。

專業上——參與合作的夥伴扮演哪些專業角色？工作同仁有哪些需要？而該團體之權限與能力是否可以滿足此等需求？

目標——為何這群工作夥伴會聚集在一起？這群同事企圖成就什麼？他們又如何了解目標是否已經達成呢？

歷程——合作夥伴要如何達成他們的目標？他們又將如何合作呢？

心理——會有什麼超越合作夥伴察覺的事情發生？他們將會如何破壞合作的過程呢？

生命力——目標該如何符合同仁整體成長與發展的需求，這是否為適合他們追求的目標呢？

41

三項度量性的 P：

保護（Protection）　—程序上的原則使得事務清晰，避免誤解。

　　　　　　　　　　　—專業上的原則顯示事務會在權限與能力範圍內進
　　　　　　　　　　　　行。

允許（Permission）　—目的強調合作夥伴被認可成就功名。

　　　　　　　　　　　—歷程建立彼此認同的互動模式。

能力（Potency）　　—心理此一領域則被明確地澄清。

　　　　　　　　　　　—生命力則認同合作夥伴可以在更廣泛的脈絡中成
　　　　　　　　　　　　長。

個案研究

　　一群十年級的男同學在一起廝混，就如許多十五歲的男
孩一般，同時他們也屢次因違反校規被逮到，例如在下課時
間抽菸。他們的這些行為模式也在校外重複發生，並在公共
場所被警察逮捕。大部分的教職員工都會發現，這些學生的
外表以及說話的模樣相當嚇人。在餐廳發生了與一群黑人男
孩衝突的事件之後，這群人也會被視為有種族偏見的傾向。
這群學生都有過被退學的經驗，因此很可能面臨無法獲得中
學一般學歷認證（General Certificate of Secondary Education,
GCSE）[9]的危險。

　　這些男孩在八、九年級的時候，都已經被列入黑名單，
時間遠超過年級主任的記憶。所有這些男孩都感覺受到不公

平的待遇，認為報告的內容與他們毫無切身關聯，因為他們並未參與報告的撰寫過程。這些男孩子的父母親被要求到學校，他們數度遭到退學，也簽署過許多在何種條件與狀況下才可以回學校的聲明文件。學校對於這些發揮不了作用的安排，顯然也相當挫折。

　　這群男同學被學校轉介到地區的行為支援服務（behaviour support service）[10]，做最後的努力，企圖將這群男孩由這種不斷惹事生非的學校生涯中拯救出來。支援服務的員工首要的任務就是建立三角契約。契約歷程成為介入的核心工作，幾乎耗費了支援歷程的一大半。有時我們可能低估契約的基本原則將如何有效地促使個體間的合作，並且在我們忽略這些原則時，步入了嚴重的困境。同樣地，壓力會促使工作同仁倉卒地開啟協商過程；然而，我們必須抗拒這樣的衝動，避免跨越了契約的歷程。合夥計畫無疑將會成功運作，但它是需要花費時間的。

　　契約成為這些男孩的重要活動。他們會專注於這項練習，

43

9　譯註：中學一般學歷認證（GCSE）乃是英國英格蘭、威爾斯與北愛爾蘭地區所採用的某種中學學生學歷認證系統，該系統評估與認證的對象為十四到十六歲的中學學生，評核學生的學歷程度並發予證書。部分該區的獨立學校並不採用需要收費的該學歷認證系統。

10　譯註：行為支援服務乃是隸屬於英國地方教育當局之下的政府單位，負責與各級學校合作，協助各學校提升學生的正向行為，以及針對有行為問題的學生、家長和所屬的學校提供有效的支援，藉此促進學生的學習成就。

並且藉由他們自己與支援服務以及學校間的三方契約，很快地理解到有額外的內容需要討論。他們討論的摘要一如以下內容，這項工作的三角契約則呈現在圖 3.3 當中。

程序上——團體會議都已經做好時間的安排。彼此同意可以安排在上課時間進行，但並不是每星期都在同一堂課的時間舉行，而且會透過轉換時間的方式來確保這種安排。飲料與餅乾會由服務機構提供，並由學校安排安靜的空間以及舒適的座椅。每場會議為時一小時，並且配合上下課時間，避免有人中途回到課堂教室的情況發生。團體需要安靜地進出教室，避免干擾其他課堂的教學活動。

專業上——需要安排團體做好參與前的準備工作。這意味著需要表達個別的意見和進行討論，同時也要再三強調雙方需要互相尊重以及彼此支持的重要性。第二次會議的處境發展將驗證這項原則。男孩們吵吵鬧鬧抵達會場時情緒相當激動，橫衝直撞地進到教室，並且打翻不少東西。這也使得附近上課的老師不可能不注意到他們，此刻問題也就來了，負責團體的工作人員是否具備能力管理這個團體呢？這個問題被指出並在團體進行討論，提醒團體注意到若再發生任何事件，都可能使得團體的持續進行瀕臨風險。這點倒是嚇到了團體的成員，於是在接下來的團體活動中，他們進出教室過程的行為都有相當顯著的改善。

團體領導人透過協調，在該時間內提供屬於團體成員自己的活動。活動內容具備一定程度的隱密性（在地區兒童保

護守則的範圍內，並且對團體成員加以說明），每一位學生也都同意忠於團體，維護其他人的隱私。

目標──團體的目標是在支持這些男孩們，能最有效地利用在學校所剩餘的時間。目的是為了把他們留在學校，並且提供一個管道，抒發他們對未來的看法、感覺以及抱負。這乃是由學校與服務機構雙方之間清楚擬定的主題。這些男孩們則依次受到邀請而認同此一目標。

歷程──協商契約以及經營團體的歷程類似，都是基於彼此間的尊重。學校一開始就有所規劃，包括參與部分課程的校園團隊成員，都會嚴肅地看待這些男孩們的看法。這一點相當重要，如果期望學生對人能表現出高度尊重的態度，學校將需要發展方法加以回饋。

心理上──團體總是視服務機構成員為（學校）團隊的一員，因此他們都會協力面對這些男孩。團體的領導階層必須確保不與教學工作人員或者整個團體共謀。一開始便指出這種可能性，有助於降低某些焦慮感。同樣地，藉由納入負責各種課程的所有教職員工，後勤支援人員因此可以提供保證，安撫可能的焦慮，避免有人擔心他們會與該團體的成員共謀與勾結。

生命力──團體企圖並需要發展團體的目標。參與團體的所有人彼此分享抱負與雄心，有些人想要進入大學，也有人想要工作。團體歷程的目標在於幫助他們取得歷程的部分控制權。在許多層面上，工作的目的乃是為了這些男孩的另

44

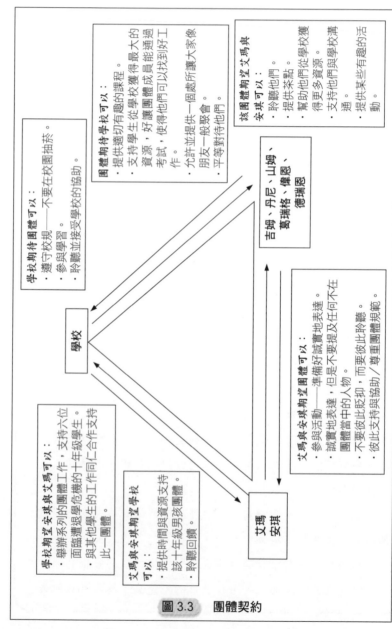

42

學校期待團體可以：
· 遵守校規──不要在校園抽菸。
· 參與學習。
· 聆聽並接受學校的協助。

團體期待學校可以：
· 提供適切有趣的課程。
· 支持學生從學校獲得最大的資源，好讓團體成員能透過考試，使得他們可以找到好工作。
· 允許並提供一個讓大家像朋友一般聚會。
· 平等對待他們。

該團體期望瑪與安琪可以：
· 聆聽他們。
· 提供茱蒿。
· 幫助他們從學校獲得更多資源。
· 支持他們與學校溝通。
· 提供某些有趣的活動。

學校

吉姆、丹尼、山姆、葛瑞格、韋恩、德瑞恩

學校期望安琪與艾瑪可以：
· 舉辦系列活動，支持六位面臨遭退學危機的十年級學生。
· 與其他工作的工作同仁合作支持此一團體。

艾瑪與安琪期望學校可以：
· 提供時間與資源支持該十年級男孩團體。
· 聆聽回饋。

艾瑪與安琪期望團體可以：
· 參與活動──準備好誠實地表達。
· 誠實地表達，但是不要提及任何不在團體當中的人物。
· 不要彼此貶抑，而要彼此聆聽。
· 彼此支持與協助／尊重團體規範

艾瑪
安琪

圖 3.3　團體契約

44

一項重要發展。如果我們以戲劇三角的各個位置來考慮，這些男孩顯然認為工作人員找他們麻煩，自己是受害者；而工作人員則看到威脅恐嚇與破壞行為，於是視他們為加害者。團體歷程的企圖是要灌溉成長，促使他們脫離這種無助的角色，前往較高層次的個體自主狀態。在團體所下的功夫，焦點在於邀請他們引用成人自我狀態，也同時在學校員工身上下功夫，降低過度使用**批評性父母**行為。

團體課程會有各種可能的發展。男孩們可以製作正式的文件，對學校工作人員解釋自己如何看待自己的生活經驗，這可以包括諸如關於他們感到能被傾聽而且安全的團體集會。導致教學團隊認為團體有種族歧視態度的事件也曾加以探討。團體堅持衝突是由另外一團體所引發，並因此導致一系列被定義為種族歧視的課堂討論。如此可以促成該團體運用成人自我狀態，就該事件回應校方，而非一如從前地使用**適應型兒童**的反應。團體成果報告也包括一份完整的契約範本，並將它交給校長以及其他學校員工。這種種課程已經為這些男孩們開啟與學校間全新的合作歷程，並且使他們可以為自己的學校生涯取得更多的主控權。

團體裡沒有任何一位學生被退學，所有學生都完成學業，獲得了中學一般學歷認證。

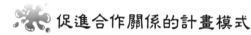 ## 促進合作關係的計畫模式

在合作關係中，一般都會希望有書面契約。在學校裡，有相當多的體系可以描繪，包括以下幾種可能的契約：

- 個別教育計畫（IEP）。
- 特殊教育需求的聲明（Statements of Special Educational Needs）。
- 教牧支援計畫（Pastoral Support Plans）。
- 學校與服務機構間的服務層面約定（Service level agreements between schools and services）。

聯合行政單位統籌管理這些體系，不同程度地介入各種定型化契約表格的管理。過去幾年來，我們在不同的領域中，已經持續發展以交流分析契約過程為核心的方法，稱之為「合作關係計畫」（partnership planning）。不同於傳統的契約規劃，合作關係計畫是種鉅細靡遺的契約，專注於嚴謹定義的工作，內容可以包括上述所有的處境。合作關係附帶的紀錄比簡單的行政工具嚴密得多。定型化契約表格已被發展出來，用以確定在協商過程中能提示關鍵的契約原則。換句話說，當工作同仁使用合作關係計畫的定型化契約表格時，他們能將契約挫敗與誤解的可能性降到最低程度。

很清楚地，並非所有的契約紀錄都運用定型化契約表格——老師與班級學生協調彼此的期待時，並不喜歡使用制式表格。在這種情境當中，可以使用更為彈性的作法：手繪一張大圖表，在

45

當中三角形對應的一邊，填寫上學生、學校以及班級老師對彼此 46
的期待（圖 3.4）。當需要書面紀錄時，則可以使用定型化契約的
表格（圖 3.5）。

　　執行合作關係計畫時，重點是要記得，契約乃是「活」的文
件。契約是作為合作業務的參酌點：當任何一方有所混淆或是不
清楚時，契約便可作為合作意向的聲明。同等重要的是，契約某
種程度是活的，可以在任何時間做檢討與調整。可以訂出一個日
期，正式地做工作檢討；當參與契約的任何一方對於事務的進展
並不滿意時，隨時可以提出來檢討。

45

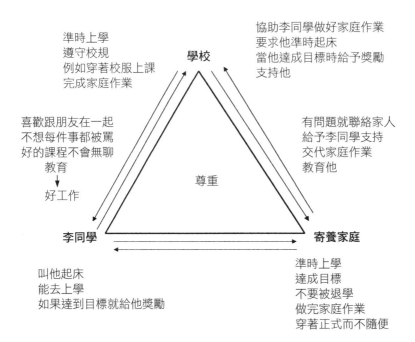

圖 3.4

46

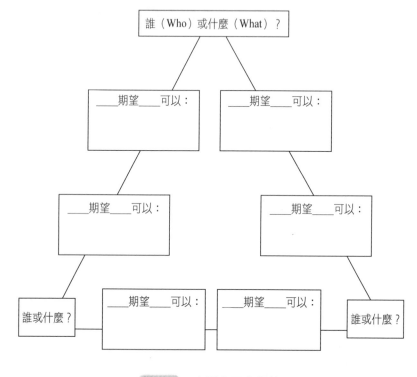

圖 3.5 定型化三方契約

47 使用合作關係計畫的特殊指引

　　經驗告訴我們，規劃與安排一項計畫所需要的時間，往往比預期來得久。雖然計畫初期的建議，對工作可能的面貌會導引出立即性的結論，然而關鍵是需要考慮工作的細節，而且它通常是相當複雜的（見表 3.2）。

表 3.2　**夥伴關係計畫的檢核表**　　　　　　　　　　　　*48*

確保有效合作關係計畫需要詢問的問題：

關於以下的安排，有沒有哪些特定的議題需要確認：
- 活動舉辦的日期與時間
- 隱私保障的協議書
- 地點
- 費用
- 資料提供
- 參與人員

夥伴關係所專注的活動，是否屬於參與人員的專長領域呢？

所有參與的玩家是否都有潛力、機會以及認知，全然地參與活動呢？

參與合作的各方是否都全然理解工作的目標？

每位合作夥伴如何了解活動已經達到成功的目標？

49　表 3.2　夥伴關係計畫的檢核表（續）

合作夥伴們將如何共同合作？

每位玩家是否都清楚了解工作計畫中屬於自己的特殊任務？

合作夥伴的哪些行為可能會有損夥伴關係？

當困難出現時，會如何遭到迴避或者因應呢？

活動的設計如何整合每位合作夥伴與學校組織的發展需求呢？

一般來說，需要安排兩次會議時間來做規劃的工作，至於處　*47*
理複雜的工作，則會需要用到數週的時間。如果有更多人參與，
就會有更多進行遊戲的潛在可能，因此也需要耗費更多的時間。

如果沒有參與工作執行的員工直接涉入，很難完成計畫的定
稿。也因此盡可能要在計畫最早期的階段，邀請級任老師、助理、
主管，以及支援人員參與。這些關鍵的遊戲參賽者如果被排除在
討論之外越久，計畫初期的概念就越可能會被誤解。

即使這些同事並未參與討論的細節，仍需要影印定稿給所有
參與計畫執行的同仁。

經驗指出，計畫中所有的定型化表格，必須要在計畫開始之
前便填寫完畢。每個章節都是設計用來降低風險，避免誤解與模
稜兩可的狀況。需要專注於計畫的主要目標，而非所需資源的這
個層面；應該絕對地關注的是*結果*，而非投入的部分（這與認同
歷程的重要性有所不同）。

與學生或者同事繪製三角契約，關鍵乃需要考慮各方的契約
歷程動態。忽略三個領域當中的任何一部分，都會導致契約嚴重
的缺陷。

第四章

提升自尊

■ 有時候你是否會感到疑惑，為何學生受到讚賞卻沒有愉快的 *51*
反應呢？

■ 自尊與學習之間有什麼關聯呢？

■ 自尊與教導之間有什麼關聯呢？

在這一章中，我們要運用交流分析中，**安撫**（Stroke）、**生命定位**（Life Position）與**腳本**（Script）的概念，來思考認同與肯定如何影響動機與自尊。定義為認同單元的安撫，被 Berne 視為人類的需求或者是相當於「飢餓」，沒有滿足它們，我們將無法生存。我們基於早期經驗所做的決定，以及相對的行為，都是設計來確保在我們的世界中，可以獲得其他人的安撫。

瑪琪的一天

鬧鐘一如往常在早上六點四十五分響起，但是瑪琪昨夜很晚才批改完作業上床睡覺，因此她好像有聽沒有到似的，直到鬧鐘響了三次，她清楚聽到時，已經過了十分鐘。當克里斯還在睡覺時，她便掙扎著疲憊的身軀起床，步伐蹣跚地走到廚房煮開水。碗筷已經洗好，廚房也都弄乾淨了。真令人驚訝，竟然有人會幫忙，於是雖然是在半清醒狀態，瑪琪還是感到相當雀躍。但是如果想要按照計畫及時準備好今天的課程，她就必須趕緊加快動作。來杯茶──比較好，加上土司──那更好，特別是當「廚房精靈」似乎已經將烤麵包機中的麵包屑清理乾淨時。沖個澡──卻有人已經將最後一點沐浴精都用完了。接著趕緊為克里斯準備了一大杯的茶。「親愛的，謝謝，晚上見了。」外頭寒風刺骨，瑪琪卻忘了戴手套，時間也不允許她回頭去拿。車子發得動嗎？不能？可以的！終究我可能搞定一切。一路上焦慮不安、不耐、詛咒開慢車的傢伙，瑪琪終於抵達

52

學校，只比預期晚了幾分鐘。孩子們已經成群自顧自地閒晃，直到八點五十分，學校生活的戰爭開始了。有人會向她打招呼：「瑪琪小姐，你好」，更多人則是不懷好意地看著她，令人感到沮喪；接著則有兩個男孩友善地對瑪琪打招呼。當瑪琪走過來，他們開始告訴她學校廣場上鴿子的事情。大部分的男孩們只是把鴿子當作「會飛的老鼠」，但是這兩位學生注意到牠們的外觀與行為在鳥群中顯得特殊，並且為牠們當中幾隻取了名字，他們就是要告訴瑪琪這件事情。奇怪的是，這段交流以及這些男孩所了解的知識鼓舞了她，讓她也感覺相當有趣，她並未因此嘲笑他們，或者叫他們離開。瑪琪趕往辦公室。大難臨頭。一看到安迪，她就知道要發生什麼大事了。

安迪詢問瑪琪是否已經收到放在她收件匣中有關教育標準辦公室的備忘錄。在她還來不及回答「沒有」之前，安迪便要求她在星期五之前提出更新的計畫，隨後又問她有沒有拿到部門裡「內涵政策」的影本，安迪說星期五之前也要獲得答覆。瑪琪無暇喘口氣，她的心已往下沉；瑪琪已經花了好幾年的時間彙編一些計畫，並且全都交給了他。她已經完成的部分沒有獲得任何一點的肯定——還有「內涵政策」，什麼「內涵政策」呢？

當瑪琪上第一堂課時，早上「鴿子」事件過後的好心情，早已經煙消雲散。安迪為何如此刻薄，為何一點都不想聽她說的話？班

上的學生依然興高采烈，然而此刻她卻無法適應教室裡的吵鬧與學生的精力旺盛，於是便交代他們做一項不受歡迎的功課，這也引來憎恨的眼神以及嘀咕的抱怨。

我們再來倒帶一次。

　　安迪朝瑪琪這邊走來。他笑著說：「我已經看了學期成績的結果。」接著表示：「真棒，我是說，雖然我正要請你幫個忙。你知道珍正在休假，今天下午我負責代理她一堂四年戊班的課，我在想可不可以請你幫忙帶這班學生，因為你比較了解他們。你知道這班學生的狀況，他們會讓代班的老師相當難看的。」瑪琪做了個鬼臉，笑著說：「有沒有什麼好處呢？」「學生會得到良好的教學算不算

呢？」「沒問題，這樣的奉承確實讓你無往不利，但是你要給我更多的時間處理『內涵政策』這項工作計畫，因為你用了我所有剩餘的時間。」「好的，就這麼說定了，謝謝你解救了我，星期五再請你喝一杯。」瑪琪笑著趕往她的第一堂課，並準備要應付生氣勃勃的三年己班。這群孩子似乎都已經準備好把整個早上的時間投注在他們的課業上，包括應付他們經常遭遇到的困難。

 ## 理解瑪琪的一天

　　這兩個案例的場景，反映的是學校每日的生活經驗。接下來會用幾頁的篇幅，探討我們如何與為何採取某些方法來回應不同的刺激。

　　我們都需要了解自己關心些什麼。我們持續不斷詮釋別人回應我們，以及與我們互動的方式——有時候我們是有意識的這麼做，有時卻是無意識的。瑪琪的一天，在她遇到安迪之前，都還是相當地平衡——雖然有些不愉快的經驗（睡過頭與一副臭臉），有些愉快的（乾淨的廚房與鴿子的事情），還有某些中性、可以

做不同的詮釋與知覺的經驗。因此她為美好的一天做好了準備。

　　然而，除了這些每天發生的事情之外，瑪琪與其他大多數老師一樣，都背負著許多幕後令人緊繃的壓力。不斷增加的工作負擔、變化無常的行政責任、國家的課程要求標準、逼近教育當局視察的緊迫時間、低迷的士氣——永無止盡的壓力（包括令人絕望與虛脫的要求）。這些好像都還不夠瑪琪去因應，還有許多難搞的職場關係需要應付：不合理的管理、不願承擔責任的同事、單純在人格上的衝突，以及價值與事業的差異等等。人們行為的動機是什麼呢？瑪期如何度過她的一天的確有跡可循：與學生真實的接觸、安迪確認的要求，加上事情順利進展時個人與團體的成就感，以及一種即使困難也渴望從事教育工作的真實感受——對教育的熱愛。由於你是什麼人與做了什麼事所帶來的認同。

簡介「安撫」

　　認同在交流分析的語彙是所謂的「安撫」（strokes）；一個安撫意味著「一單位的認同」（a unit of recognition）。一個安撫可以是：

- 語言上的——「你今天好嗎？」「我不想跟你講話。」
- 非語言的——微笑，皺眉。
- 文字上的——一份報告、一封抱怨信。

傳送的媒介可能是：

- 視覺——貼在牆上的一幅作品，或者並未被貼在牆上的作品。
- 聽覺——讚美，批評。

- 觸覺——擁抱，推卻。
- 味覺——美味的菜餚。
- 嗅覺——四溢的香味。

原因可能是因為：

- 我們是誰——「我真喜歡你」、「你惹惱我了」，或者
- 我們的作為——「做得好」、「錯誤百出」、「重做一遍」。

同時，最重要的可能是：

- 正向的，讓我們對自己、其他人，以及這個世界感到 OK，或者
- 負向的，讓我們對自己、其他人或這個世界感覺不 OK。

我們都需要了解自己的價值，知道其他人正在注意我們，並且關心我們所做的事，知道我們是人類的一分子。認同乃是生物性的需求，就好比人類需要食物一般；沒有了它，我們將無法旺盛地發展。安撫具有撫育性，給予生命力，並且促進生命的發展。弔詭的是：因為安撫對我們如此重要，我們寧可擁有負向安撫，也寧願不要都沒有安撫，一如我們寧可吃些不妥或者沒有味道的食物，也不要餓肚子。問題就是這麼一回事。

創造我們的生命腳本

小時候，我們適應周遭的人物，他們保護與撫育我們，也透過給予我們所渴望的接納、贊同與確認，施加力量影響我們。我們持續不斷地接收並處理訊息：關於我們是誰；別人怎麼看待我

們；我們像誰或像什麼；大人如何預測我們的未來；有什麼事情會發生在像我們這樣的人身上；家庭中有何常規、期待與慣例等等資訊。這些資訊藉由照顧者與其他人的訴說，我們對所處世界的觀察，以及故事、電視、電影與錄影帶的傳遞，提供了許多角色給我們做選擇，協助我們嘗試回答這樣的問題：「會有什麼事情發生在像我這樣的人身上？」而且，我們當時便使用尚未完備的知識基礎，以及並不成熟的思考能力，運用這些資訊，創造出屬於自己個人的生命故事，訴說我們是誰，以及我們將來將要做些什麼。這對我們來說似乎是最好的生存選擇，藉此可以獲得所需要的保護以及安撫。故事被稱為**生命腳本**（Life-Script）或者簡稱為**腳本**（Script），內容包括我們對這個世界以及所處情境的信念，以及由此發展出來的決定。例如，我們可能會相信「像我這樣的人，成事不足，敗事有餘」，因此決定「不值得一試」，或者「你必須努力工作才可能出人頭地」，於是「我將努力工作，人們會因此肯定我」。這些信念與決定會受到我們的文化、家庭、性別、家庭所處的地域，以及發生在我們身上的經歷所影響。知道我們被愛或者並不確定是否被愛；大人花時間陪伴或者忽略我們；周遭的人物是仁慈的、殘忍的，或者是介乎其間；失去或者得到一位朋友——這種種都將會影響我們「小小心靈」的思考模式。這些歷程都超越我們有意識的察覺範圍，於是在我們長大之後，將我們的信念與決定付諸行動時，我們會將這些事情視為理所當然；對於我們已經建構屬於自己的「故事」仍舊會不知不覺。

望向世界之窗

於是，整體上我們可能已經認定了：我們比別人好；或別人比我們好；或者沒有一個人是好的，就連我們自己也都不好；或者懷抱希望地認為，包括我們自己以及其他的人都是好（OK）的，他們足堪信賴，也會喜歡並尊敬我們，而我們也會相應以對。絕大部分的狀況，可能會是凸顯某種態度比較顯著的混合體，這便是所謂的**生命定位**（Life Position）：

■ 我好，你不好。

■ 我不好，你好。

■ 我不好，你也不好。

■ 健康的定位：我好，你也好。

其中之一會是我們生命腳本的主旋律；同時，我們接受到的安撫，或者是認同以及關注，都有助於形成我們的腳本，並且決定我們將會專注於獲得哪種安撫。Julie Hay（1993）將這四種定位描述為**望向世界之窗**（windows on the world）；當我們透過窗戶觀看這世界，每扇窗口都提供了我們不同的視野，而我們則會把每件發生在我們身上的事情，都詮釋得與該視野一致。

學生透過圖 4.1 的每個窗口，將如何看待這個世界呢：

■ 如何回應稱讚呢？

■ 如何回應批評呢？

■ 如何參與教室與學校的活動呢？

圖 4.1　望向世界之窗

　　他們期待獲得或是給予別人哪種型態的安撫呢？與老師相處時的期待為何？與其他學生相處時又會怎麼樣呢？

　　瑪琪，我們已經描述過她了，可能在大部分的時間感到我好，你也好。但是當她得到的是一個強而有力的負向安撫時，例如安迪要求她，並忽略她說的話，她可能會翻轉到「我不好，你好」，或者「我不好，你也不好」的心理定位中，而在接下來學校的一天當中表現得如此，並且影響她如何在班級中給予或者接受安撫。如果她果真得到一項正向的安撫，例如安迪稱讚她的教學能力，她可能會整天都停留在「我好，你也好」的狀態中（只有出現一點小差錯），同時又會再度在班上反映出這種安撫的模式。如果她基本上對自己或者別人都感到 OK，除非遭受壓力，要不然她

將可以相當程度地包容周遭人對她的負面態度。在此同時，她的每一位學生，以及學校裡其他所有的孩子，對於可以獲得哪種安撫，擁有屬於他們自己的期待——而且，他們當中的某些人可能已經認定只能得到負向的安撫，也是他們唯一有權擁有的。

為何某些學生拒絕接受稱讚？

正增強（positive reinforcement）或者負增強（negative reinforcement）的行為理論，假設所有的學生都會對回饋（reward）產生良好的反應，然而安撫以及安撫理論認為，人類的行為比**行為理論**的假設更為複雜。非僅如此——一如許多老師的發現，如果某位學生（或者老師）的經歷絕大部分是負向的，他可能會因為「過量」（overdose）的正向安撫感到相當不舒服，並且可能以某種反應來重建內在的平衡。想像圖 4.2 中，在正向與負向兩端取得平衡的蹺蹺板。

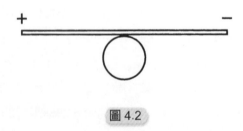

圖 4.2

維持蹺蹺板平衡之安撫的數量與型態，對我們每一個人來說，都有其經過學習而有所期待的特殊模式。假設對八歲的金恩來說，

每一個正向安撫都得導致三個負向安撫的預期——金恩在家中或　　*58*
者學校所習慣的比例——才能維持蹺蹺板的「心智平衡」（mental
balance）。一位友善與慈愛的（但可能不會太過於敏銳的）老師
可以在短時間內，對於每件完成的事情供應大量的正向安撫。於
是蹺蹺板看起來就像這樣（圖 4.3）。

57

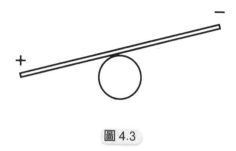

圖 4.3

金恩能做些什麼好讓自己感覺到舒服呢？確定取得足夠的負　　*58*
向安撫來重建平衡——這將會三倍於老師所給予的正向安撫！於
是孩子便得撕裂才剛獲得肯定的作品。

如果安撫的模式正好違背了我們在早期腳本階段對自己是誰
所做的決定，學習接受並吸納陌生的安撫則得花費許多時間。金
恩的老師如能以提供單一、誠心與正向的安撫，在接續更多的安
撫之前，確保金恩已經接受了它，將會更理想。換個作法，老師
可以詢問金恩：「當你已經妥善地完成某件事的時候，你希望我
怎麼讓你知道呢？」如此可讓金恩決定最理想的安撫程度。

> ### 個案研究
>
> 　　丹尼，一位十五歲的學生，待在為退學學生設置的機構當中，只能在當安撫是「這題算數做得 OK」這樣程度的狀況下，開始接受安撫，而無法接受熱情如「表現傑出」這樣的安撫。當老師嘗試以後者的方式安撫丹尼，他便把作品撕裂。即使是在完成了相當優異的課程時，「OK」是他可以接受的最高程度安撫。於是丹尼在接受稱讚的程度上開始有了緩慢的改變。丹尼在達到可以接受安撫之前，就如同嬰兒一般，需要乳汁而無法啃食牛排；他在逐漸有了可以容納更多食物的胃之前，只可以接受非常少量的稱讚。

　　我們為何這麼做呢？身為人類，我們如此渴望安撫，以致不擇手段，就是要得到它們：如果無法獲得接納，我們將會採取行動追求贊同；如果未能獲得贊同，只得勉強接受；極端的狀況下，我們將追求毫無保留的拒絕，而不能接受被人忽略。有些例子是這樣的：學生上課經常遲到，老是在放學後被留置輔導，並且激怒老師。我們很早也就學到容易取得某些熟悉的安撫，而且這些可能就是屬於負向的安撫──惹惱或者激怒父母親與老師，讓他們出手施捨。然而，至少是某種對我們存在的確認，那總比沒有來得好。我們很快便學會玩這些心理遊戲，這些遊戲可以保證讓我們獲得熟悉的安撫，並因此增強我們對自己的信念，「驗證」我們的行為、思考，以及我們對人們如何看待我們的信念是正確的。

我們如何地漠視 *59*

在此我們需要簡短地指出**漠視**（discounts）的概念，也會在接著兩個章節中深入討論。**漠視**是一種忽略的歷程，不理會或者低估我們自己、他人，或者情境的某個部分。嚴格來說，**漠視**是一種內在歷程，可以藉由觀察一個人的行為或者態度加以推斷，然而，此一名詞已經更廣義地被使用來描述某些互動。在思考安撫的問題上，漠視顯然相當重要，因為：

- 我們自己內心的漠視歷程，可能導致我們忽略或者淡化別人所提供的安撫，例如：「你的報告做得真好。」「喔，那不是我的功勞，我還得尋求年級主管的協助呢！」對於學生來說，這種機制有時候可能具有防衛功能，可以保護陌生導致之不舒適的安撫，或者可以阻礙他們認同發展與正向的改變。這種漠視一旦被注意到，就可以加以處理。

- 漠視可能會與負向安撫有所混淆。想要分辨它們必須記得，坦率與直接的負向安撫會考慮到現實處境，如：「你在這項工作裡犯了許多錯誤，我認為當我告訴你該做些什麼的時候，你並沒在聽我說話」；然而，漠視在某種程度上的確會扭曲現實，如：「你從來就沒做對過任何一件事情」。

- 所有的遊戲與所有負向腳本信念以及決定都含有漠視；某個人的思考、感覺，或者意圖並未被考慮到，或者並未受到安撫。抱持著獲得正向安撫的希望，我們進入遊戲（此刻遊戲或許會有效）；我們並未得到正向安撫，卻勉強接受了負向

的安撫（再度地）。戲劇三角與贏家三角的差別在於，後者交流的方式是源自於「我好，你也好」的定位，得到了坦率與有效的安撫，甚至包括目標是放在處理不被接受的行為時。

■ 相對於安撫賦予生命力，漠視則否定生命價值。漠視表現在某人並不考慮交流中的某些事務上——他們自己的需求、其他人或者處境的全部事實。

我們可以怎樣做改變

好消息是，所有自我局限的決定以及所有負向安撫的模式都可以改變。我們自己超乎察覺地建構了它們，促成了該歷程與結局。藉由增加我們的察覺能力，並且重新決定我們的觀點，我們可以練習新方法與他人建立關係，並因此增加我們的正向安撫商數、自尊，以及我們的目標與動機感。在執行這項工作上，我們建立的模型提供學習者與同儕一種不同的方法，甚至開啟了稍後將會在第六章討論的某種文化改革。

60
學校可以作為一個處所，供學生發展接受正向安撫的新型態，基於受到接納成為有價值個體的經驗，開始活出不同的腳本決定。這點對在家中絕大部分都接受到負向安撫的個案而言特別重要。

在學的學生仍然處在形成個別腳本的過程中。當他們接收到關於自己以及環境的資訊具有結構性、令人鼓舞、考慮到現實，並能示範合作與熱情（換句話說，就是獲得所有自我狀態的正向安撫），他們便有機會將這些資訊整合進入腳本形成的動態歷程當中，並且調整部分他們已經做出的負向決定。

Angela Devlin 在 *Criminal Classes*（1997）一書中的研究，詢問了這個問題：那些擁有相同的社會經濟背景，處在惡劣的家庭狀況與環境下的年輕人，會是什麼樣子呢？為何有人在監獄結束了一生，而其他的人卻不會呢？是什麼造成如此的差異呢？答案就是——一位關鍵的大人，經常是老師。某些時候，會有人在某個地方，為這位年輕人示範另一種處事的方式。追溯起來，這些人通常並未察覺到他們自己的角色。當他們被指出成了年輕人重要的榜樣與同盟之後，無不感到驚訝，這些人往往就是在課堂結束後，把學生留下來談話的人。老師——由於他們在整個國家裡經常被歸屬的方式，以及他們的工作負擔，於是有時就會漠視了自己對學生的影響。他們每天都可以、也的確發揮了影響力。在小學，老師會影響每班三十幾位學生；在中學，每天則影響超過一百八十位學生。

有關安撫需要注意的事項

- 安撫可以是正向的（讓我們感到 OK）或者負向的（讓我們感到不 OK），以及無條件的（因為我們的存在）或者有條件的（因為我們的作為）（圖4.4）。如果我們將正負向以及無條件與有條件，結合成為兩條軸向，我們就可得到「接受」、「贊同」、「不贊同」與「拒絕」的矩陣圖（Temple, 1999b）。

- 我們都有特殊的偏好與需求，擁有屬於自己特別的安撫：因為聰明才智、魅力迷人，或者熱心助人等等。因此，我們可

61

正向

正向條件化

不論個人的發展、成就、成功
與否、改變或者其他種種狀
況，都同意執行；賺得。

正向非條件化

接納、尊重；提升對自己、他
人與這世界的正向信念；內
涵學校的基礎；生存、學習與
自尊的根本；一旦妥善安排，
所有問題都可迎刃而解，權
能賦予以及自發性都可蓬勃發
展。

條件化 ——————————————————— **非條件化**

不被認可；需要清楚的契約歷
程設立界限，確保安全並要
求不同的行為。

拒絕；暗示並引發「我不好，
你不好」定位、排斥、低度或
者不存在的自尊、失敗。

負向條件化

負向非條件化

負向

圖 4.4

能會對安撫加以篩選，排除不想要或者不認同的安撫。同樣地，也可以「儲蓄」我們視為具有價值的安撫，並在遭遇壓力或者被忽略，感覺需要時領出來用。

■ 有個迷思代代流傳，指稱安撫就像金錢——花多了就會用完，需要努力掙取才有安撫，如果沒有好理由，就不會得到安撫。**安撫經濟學**（Stroke Economy）的規則是這樣的：「不要給予、要求或者接受安撫，不要拒絕你不要的安撫；最重要的是，不要給自己安撫。」（Steiner, 1971）實際上，若仔細觀察會發現事實正好相反——付出、接受或者要求更多的安撫，並且拒絕不要的安撫，則會有更多的安撫可供使用。 *62*

■ 即使傳遞的訊息內容並不怎麼受歡迎，但是發自 OK 對 OK 的生命定位之安撫總會是正向的，因為它表現出尊重、關懷，以及另一個體可以有不同作為的信念。

■ 安撫可以發自或者接收自任何的模式，我們在第六章會深入說明。

■ 你可能有聽過安撫可以是溫暖如絨毛（warm fuzzies，＋）或者冷漠如刺針（cold pricklies，－）。這些名詞源自交流分析發展的早期，特別是源於 Claude Steiner（1977）所著的 *A Fuzzy Tale* 一書。這本書是與交流分析有關的童話故事，內容述說某個年代，曾經有取之不盡的溫暖絨毛，直到邪惡巫婆到來那天，告訴大家絨毛將會被使用殆盡，從此之後，刺針就成了可以被接受的替代品。這是一則相當有影響力的寓言故事；然而，除此之外也有溫暖的刺針——剛開始是正向安撫，最後則給你一陣刺痛來做結束，還有酷冷的絨毛——

冷嘲熱諷的安撫（「你從沒來就做對過，不是嗎？」如此面帶笑容的對你說，表示真正關心你）。我們認為這些坦率的詞彙還真管用。

 ### 有效地使用安撫

理解安撫如何運作，以及學生不同的需要與反應，可以創造機會運用許多策略，使得溝通清楚並提升自尊。以下是某些構想：

■ 以「我好，你也好」的態度，保持坦率與誠懇。你的同事、主管、學生，以及學生家長不一定來自於類似的處所，但是別在意。如果你持續邀請他們進入 OK 對 OK 的交流，有兩種情況可能會發生——要不就是獲得他們溫和的回應，改善溝通與自尊；要不就是沒這麼做罷了。如果那是他們的決定，你還可以不與負向生命定位共謀，藉以保留自己的能量以及自尊心。

■ 觀察你的學生與同事的需求與反應，以及注意到有什麼可以提升正向溝通，調整你的評論以及回應，創造最大的利益。

■ 嘗試一種所謂的回饋三明治：以正向安撫作為序幕，並緊接在直率的負向安撫之後給予正向安撫，例如：「你已經在這裡下了很大的功夫。然而你的拼字與文法都還是很糟糕，這部分需要再加強。我會安排時間陪你檢查，看有沒有哪個特定的部分需要加以修正。」

63 ■ 研究顯示被歸屬於具有正向與魅力的年輕人會開發他們自己（Dieser, 1997）！例如：「你們是相當安靜與專注於課業的

班級」，效果遠勝於「當你們單獨做功課時，應該要保持安靜」或者「安靜！你們太吵了」。這很奇怪但卻是真實的。許多老師似乎相信，**批判型父母**的指導與負向安撫終究會發揮效果。證據顯示，**結構型**與**撫育型父母**與成人的正向安撫卻效果更好。有種快速的表達方法就是「你安撫了什麼就會得到什麼」。相對於關注阻抗、違規與錯誤來說，將注意力放在合作行為、真誠感受與獨立思考，會更有機會促進這些能力的發展。

■ 注意安撫模式的文化差異——如果有些困惑，可以問一問經驗老道的同仁，或者這些對象本身（請參考後文中吉兒的故事）。

■ 當孩子聽到時，知道什麼是造作的（plastic）安撫（不真誠），以及棉花糖型（太甜了，並非真有營養）的安撫。因此要合乎時宜地稱讚，保持一種正向的氣氛，避免誇大、輕率或者自動化的安撫，因為這些都會使得安撫遭受貶值。

■ 安撫**叛逆型兒童**！那是他們的企圖，他們想說「我在這裡，這裡有我」，或者是「我不喜歡這裡發生的事情——我要讓狀況有所不同」。認知能量與需求的存在，可以引發改變與促成合作。「我知道你對剛才發生的事感到憤怒，我可以了解的。」怎樣才能幫助你留在這裡十分鐘呢？

■ 老師也需要安撫！認識你自己的需求、正向安撫的資源，以及引發你進入負面狀態的刺激。所有的老師都需要被重視，肯定他們的技巧、專業、經驗、創造或者其他種種。

以下是由一所學校的工作人員所羅列的清單。

我們重視的是：

■ 被信任可以勝任工作。

■ 被尊重而非視為理所當然。

■ 得到感謝——一句謝謝、一個微笑與簡單的招呼。

■ 被聆聽。

■ 被諮詢。

■ 被肯定。

■ 被尊敬。

■ 告訴我們，我們受到重視，事情做得好。

■ 受到工作環境周遭的同儕之肯定。

■ 告訴我們，我們已經完成了某一良好的事蹟。

■ 受到信賴，肯定我們在社會與專業層面都會全力以赴。

■ 因為某些事情，得到口頭上的感謝。

我們也希望因為以下事項受到重視：

64
■ 我們所做的事，雖然可能做得並不多。

■ 早年接受教育所得到的經驗與知識。

■ 做好某些事——造就了正面的貢獻。

■ 在不同學校工作所獲得的知識與經驗。

■ 教學的知識。

■ 對工作的承諾，以及提升學生的成就。

■ 誠實與開放。

■ 工作的努力與熱情。

■ 對人類早期發展與基礎技巧的教育專長。

■ 扮演我們自己。

　　這份清單並沒有將任何特定的安撫，與個別的老師做出連結，保持了匿名性；清單的內容在學校裡成為提升正向安撫程度之契約，與工作成員間新的認知基礎。實務上則有相當多的事務，包括：透過重新安排休息時間，增加工作人員接觸的時間；互相探訪彼此的教室，欣賞同仁的工作成果；諮詢課程表變動的提議等。

■ 你需要請誰來認同你？而你認同誰呢？你能夠如何提升學校的安撫智商呢？某些老師有時候似乎相信，唯有學生懂得每件事，每個班級都安靜與服從，或者自己是學校裡最創新、最有創意的老師，才是 OK 的（Montuschi, 1984）。我們必須說，的確有些學校可能鼓勵這種想法。一種可能較為健康，並可以確定壓力會少一點的方法是這樣的：老師負責建構學習的環境、鼓勵學生、深思熟慮、展現熱情與分工合作；如果以上這些條件都已經到位，學生就要為自己的學習成就負責。在第六章中，我們將探討校風如何同時支持學生與老師，並且介紹評估「學校自我狀態」以及安撫模式的方法。

■ 學校（以及某些家長與老師）傾向強調有條件的安撫——出於學習成就良好、遵守規定、擅長運動、樂於助人，或者功成名就。沒錯，我們都需要獲得肯定，然而更重要的是，我們也需要被接受。接納與包容的氣氛——相信即使可能有些行為並不 OK，每個人本質上都是 OK 的——可以改變一所學校，更別說是這個世界了！

■ 你做出什麼安撫，就會得到什麼安撫。不管哪種安撫都可以滿足關注，這正是為何有人不斷追求負向安撫的原因——這

是過去獲得回應的方法。因此，詢問你自己：在你的學校，可以獲得哪種安撫，哪種安撫被鼓勵，而哪種被禁止？如何給予認同呢？對不同的團體是否有所不同呢？橫向溝通與縱向的溝通，是怎樣簡單或者有多困難呢？

65 ■ 我們大方向的目標就是在於提升自主性。Claude Steiner（1974）提供家長十種「培養兒童自主性」的方法。根據這些基礎，我們為有機會協助學習者提升**察覺能力**（awareness）、**自發性**（spontaneity），以及**情緒智商**（emotional literacy）的老師，創造了十種「教導自主」的方法。

1. 準備擴展適當的撫育與保護，用來創造安全的學習空間。

2. 教導自主的主要目標，就是在於提供學習者自由，可以全然運用自己察覺以及自發的能力。沒有其他的教育目標高過於自主這項目標——即便目標是成功、自我控制、社會適應，或者其他任何老師的期望——只要是違背了自主的主要目標就行不通。Berne（1964）定義自主為察覺自我與他人，以及自發與親密的能力，我們認為**開放性**（openness）會比**親密**（intimacy）這個字來得恰當，我們會在第六章就這部分做深入的探討。

3. 鼓勵學習者給予、要求、接受與拒絕安撫，並因此感到自豪。持續的負向安撫將打擊開放性。

4. 藉由對學習者理智、感受與直覺的確認，你可以強化他們的能力。漠視則會打擊察覺能力。

5. 就沒得商量的規則，解釋你的理由；就可行的部分促成協商；並且達成共識形成契約。獨斷的規則會打擊自發性。

6. 真誠地對待學習者。知之為知之，不知為不知，享受與學生共同發現問題的樂趣。

7. 讓自己有效能、負責任，並具開放性。當你表現出態度篤定、積極聆聽，並且分享問題解決的歷程，你便為學習者提供一種典範，示範 OK 對 OK 的關係。

8. 鼓勵分享、尊重、合作，以及設定個人目標。這將可以削弱惡性競爭，並且提升自尊。

9. 為你自己的感覺與需求負責。

10. 信任人性，並相信人。

■ 身為社區的一員，不論是家庭、同儕團體、學校或者社會，安撫乃是我們彼此連結的方法。我們可以藉由鉅觀地考慮整體的校風，以及微觀地轉變我們在教室裡交流的風格與內容，透過安撫模式促成改變。有時這兩者可以同時並進，有時則可能選擇專注於可以發揮更多效能的小團體。以下是一些真實生活的案例，說明老師如何在工作中開發，運用安撫。

 教室中運用安撫理論的案例　　　　　*66*

圍圓圈分享時間（circle time）¹ 的活動內容，可以包含讓小學學生練習付出、接受與要求安撫，以及安撫自己的活動。以下有些構想可以讓你開始行動──你將會有許多屬於自己的構想。

■ 圍圓圈分享時間中運用玩偶，可以幫助孩子們透過不具威脅性的方法，檢視他們接受安撫的方式。在圍圓圈分享時間裡，可以包含一場有關孩子們在活動場中感到傷心的主題。當引

入玩偶訴說一段傷心的舞台故事時，這些訊息便可以被善加運用。那會是班上不安情緒的混合體。下一場的活動便可以包含學生如何解決問題的主題——他們可以在遊戲時間做些什麼事情來幫助莎莉（玩偶），例如邀請她與他們一起玩耍等等。這會促使學生透過分享莎莉的故事，談論他們喜歡被幫助與安撫的方式。

■ 使用玩偶或者虛構的角色，訴說可能發生在他們上學之前，令他們感到難過的壞事。這樣也可以幫助孩子們談論發生在他們身上的事情。每當有人提到某件可能發生之糟糕或者難過的事情，就可以放一本書在玩偶的頭上，直到玩偶幾乎被所有書的重量壓扁為止。然後班上的學生再提出建議，說明可以用什麼方法讓玩偶扮演的角色感覺輕鬆一點，例如分享糖果。緊接在每一次的建議之後，便移除玩偶頭上的一本書，使玩偶得到了解放，再度成為他自己，並因此感覺愉快。也可以在每次提到壞事的時候，鋪上一張藍色的紙，直到所有

1 譯註：圍圈圈分享時間是一種團體活動，可能有超過二十人以上的一群人，圍起圓圈面對面坐下來，認識彼此與分享心情。很自然地，此種團體活動受到教師的採用——特別是在中小學學校；透過此種方法，搭起了老師與學生，或者學生與學生間的橋樑，促進彼此的溝通。根據Lucky Duck 出版社 Barbara Maines 的說法，圍圈圈分享時間早在十九世紀的瑞典，便是為主流的團體分享形式。而在一九七〇與八〇年代才由英美的作家著書闡述相關的概念。Barbara Maines 指出圍圈圈分享時間的關鍵原則包括：一、該分享時間屬於學校課程的一部分，每位參與者都受到無條件的歡迎與接納；二、這裡不是論斷與強迫的地方；三、這裡透過個體的討論與經驗的分享，提供學習與探索的機會。

的解決辦法使每張藍紙都去除之後，再度恢復一幅愉快小孩
的面貌。緊接著可以對學生做解釋，絕大部分的霸凌者經常
都是那些會遭遇壞事或傷心事的人，他們需要別人的協助，
改變他們負向安撫的模式，因此可以對自己有更好的感覺。
我們已經在小學與七、八年級學生身上，成功地實施過此項
活動，對更高年級的學生，則需稍加修改活動的內容。

■ 提供孩子們機會，讓他們以安全的方式彼此付出安撫，並鼓
勵他們避免漠視，而要坦率地接受安撫。

　⇒對別人說些好話，但是不要有眼光的接觸或不要使用代名
　　詞──這是第一回合。「我認為梅爾今天在足球場上的表
　　現相當優秀。」「我很高興喬是我的朋友。」

　⇒對某個人表達安撫，但是仍然不要有眼光的接觸──第二
　　回合。「梅爾你今天在足球場上的表現相當優秀。」「我
　　喜歡跟你做朋友。」

　⇒眼神交會地說出來──第三回合。可能需要好幾次的團體
　　時間來完成這項活動。

■ 製作一個信箱，當中可以放些文字的安撫，然後在團體活動
時間把內容念出來。你可能需要檢查一下，添加你自己寫的
安撫，避免遺漏掉某些學生。 *67*

■ 設置一個「自豪的墊子」，每星期至少搬出來一次；學生可
以站上（或者是跳上）這個墊子，說出某些感到自豪的事情：
「我感覺很驕傲，因為我答對了全部的數學題目」，「書我
已經讀了十頁」，「我可以從泳池的這頭游到那頭」。老師
可以增強這些安撫，並且鼓勵孩子們支持彼此的成就。並非

全部都是要針對學校當中發生的事情做安撫。

■ 彩繪汗衫或者紙製造型的汗衫，讓孩子宣示自己喜歡什麼。

■ 當彼此安撫成為課堂上的常態時，孩子將感覺可以要求自己想要的或者需要的安撫，也會注意到其他同學對安撫的需求。

■ 準備紙「花瓣」，讓學生可以寫下今天的感受，並加到貼在牆上的花朵上（第五章最後的「資源」一節當中有相關的構想）。

延續地執行這些工作，都可以教育學生安撫的意義以及自己的重要性。

個案研究

吉兒，負責行為支援（behaviour support）工作，一位班老師來找她諮詢，討論某位對老師的稱讚總有些不良反應的學生，他會干擾課堂、撕毀作業或者攻擊其他孩子。吉兒認為他可能有接受正向安撫的困擾。透過與這位同學以及他的老師合作，她設計一種方法，讓這位學生負責控制自己安撫的程度；學生同意在桌上放一組符號（笑臉、哭臉、問號），用來告訴老師是否想要安撫。

布萊姬特專精於行為支援，已有數年的工作經驗，時間已經久到可以追蹤某些十年級或十一年級的學生了。布萊姬特當初在認識這些學生的時候，他們還都是五年乙班的學生，差點就因為某些「破壞」行為而被退學。在一一獲得學生們原就讀學校的同意，並認知他們現在都已經妥善安頓好自己

之後，她要求他們在初中與高中階段銜接的過程當中，適當地督導這些「問題」學生。這個團體熱情地回應，並請求可以獲得布萊姬特規律的「督導」，而且提供許多的點子，包括與他們學弟的父母親交談，協助他們了解年輕學生的需求。

喬許擔任教牧工作，一對一地面對有破壞行為的學生，他注意到某位男孩充滿憤怒情緒，並因此獲得關注，然而藉由學習憤怒管理技巧，卻絲毫沒有獲得改善。與這位男孩交談之後，喬許發現他在過去一年當中面對死亡或分離，失去了三位家人。了解了憤怒乃是這位學生唯一知道獲取安撫的方法，雖然得到的是相當負面的。喬許能夠幫助他接受自己的傷痛，而老師們以及午間督導在知道這個小孩的處境之後，也有相當不同的反應。

68

 資源

教室裡的平衡安撫如圖4.5，也可以參考第五章「資源」一節。

69   日期：＿＿＿＿＿＿＿　　　班級：＿＿＿＿＿＿＿　　　課程：＿＿＿＿＿＿＿

在課程或者部分段落當中，當你給了某人某種安撫之後，便可以在以下適當
的區塊打勾。

正向

正向條件化 因為做了某事而得到正向安撫； 工作、行為、態度。	*正向非條件化* 接納與尊重學生、同仁與 支援團隊的正向安撫； 他們本然的面貌。
負向條件化 因為做了某事而得到負向安撫； 行為、態度、工作等等。	*負向非條件化* 拒絕或者駁斥的負向安撫。

條件化 非條件化

負向

有關你如何付出安撫這件事，你學到了些什麼？
你提供給學生、同仁或者支援團隊的安撫有何差異？
你有沒有想要改變些什麼？

圖 4.5　　**教室中的安撫**

第五章

情緒發展

■ 為了學習，孩童們需要些什麼呢？
■ 學校如何因應發展上的「斷層」？
■ 我們為何需要採取全人教學？

本章我們將探討一種模型——發展週期，此模型提供兒童發展的輪廓，呼應自尊的發展，以及前一章節所探討的**安撫、漠視與腳本**等等概念。情緒發展不僅影響學習歷程，也屬於學習過程的部分內容，已是充足獲得驗證的觀點（Goleman, 1996; Steiner, 1997）。這種以交流分析為基礎的方法，提供老師實質的協助，評估兒童發展，建議老師或照顧者針對不同發展階段的兒童，採取有效的介入措施，並且提供一種樂觀且具復癒性的理論，奠定實際運用此等概念的理論基礎。時下關注的焦點在於學業成就，因此標榜規範與成果，於是有時便漠視了較為人性化、以學生為中心的方法之重要性，這種人本態度認為對情緒發展的適當支持，是有效學習不可或缺的前提（Rogers, 1978）。

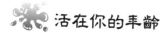 活在你的年齡

思考以下四位透過「文字描繪」的兒童案例，你可能會在托兒所或幼幼班遇到；假使你教的學生年齡較大，請將重點放在所描述的行為，而不是年齡。請就每位案例，詢問以下問題：

■ 這個孩子錯過了些什麼，因此導致如此的行為？
■ 這個孩子現在需要哪些幫助，才可以讓他感到心安，享受學習的樂趣？

72 露易絲

露易絲今年四歲，正就讀托兒所上午班的最後一個學期。媽媽每天一大早便開車載她到教室，有時露易絲仍離不開媽媽。這種情況使得露易絲難以投入任何活動的時間能持續長達一個小時。她很少參與討論，被問到問題時也總只是回答「不知道」，但是她其實是個聰明的女孩。

沒有任何跡象顯示露易絲有學習障礙；她喜歡上課，也能夠吸收上課內容。然而在面對新事物時，她會感到緊張，並往往拒絕回答問題，或者拒絕回應參與活動的建議。

莎夏

莎夏今年三歲，剛進托兒所幾個星期。她幾乎無法安靜上課，經常不是哭鬧就是在教室裡走來走去。她很容易與其他小孩發生爭吵，不時會對周遭的人動手或大吼大叫。莎夏做事容易氣餒，而且似乎無法專心，對同一件事只能維持三分鐘熱度，很快便轉移了注意力。

連恩

連恩今年五歲，是個脾氣火爆的小男孩。他在班上很少有朋友，即使有朋友，關係也相當脆弱。他鄙視自己的作品，詆毀別人的努力，而且偶爾會情緒失控。這些暴怒顯然沒有什麼原因，卻讓連恩對師長和同學口出惡言，亂摔東西，而且抗拒任何試圖讓他冷靜的勸告。他發現自己特別難配合一些基本規矩，最痛恨

別人叫他該怎麼做。

丹尼爾

丹尼爾今年六歲，教職員都認為他相當不成熟，他總是與其他小孩起衝突。麻煩通常是在操場上的打仗遊戲失控時開始的。老師頭痛的是，他明明惹惱同學，卻又往往矢口否認。丹尼爾很難專心聽課，經常做白日夢，或跟同學閒聊一些課外的話題。

以上列舉的雖然都是較為稚齡學童的案例，不過教導較高年級的老師，即使到高中最後一年（十一年級）為止，也都有可能會在班上學生身上發現這些行為。再度強調，在您閱讀以下內容時，請以孩子的行為特質來思考問題，而非他們的實際年齡。

年齡與階段

這四位孩童一如其他許多小孩，似乎未能滿足所需、與其他兒童間發展出健康的信任關係，並在課堂中發掘刺激與樂趣。Piaget、Erickson等人的研究顯示，嬰兒與幼童的發展會歷經一連串可以辨識的步驟或階段。我們知道交流分析觀點中所謂的**安撫**〔包括**制約性**（條件化）與**非制約性**（非條件化）〕，對於健全成長和自尊發展至為關鍵，根據所接受的**安撫**，幼童決定了自我認同，以及與他人的互動方式。他們也會將「大人」對他們說的各種評語放在心上，像是笨拙、美麗、慢吞吞、開心果、聰明、愚笨，並且綜合成為各種程度的「歸屬」（attribution）以及標

籤。等到他們入學時，孩子們已經有一幅潛意識的自我形象，以及自己在同儕間的價值藍圖。情緒能力定義為了解自己的情緒、傾聽與同理他人，以及建設性地表達情緒的能力（Steiner, 1997）。為逐步達成符合其年齡與發展程度的情緒管理能力，兒童可能需要協助，來「修復」他們錯失的部分——他們情緒學習的斷層部位，情緒學習實為認知學習最穩固的基礎所在。

發展週期

Pamela Levin 於 1982 年創作發展週期模型，她投入數年的時間觀察，並蒐集了許多文化的資料。她所建構的理論對兒童每個階段的發展，提供兩種重要的觀點：

■ 每個階段都有其適當且必須完成的「任務」（tasks），作為建構下個階段的基礎。為了圓滿完成這些發展任務，小小孩們必須獲得照顧者某些方面的支持，包括「肯定」（affirmation）——某種能有效幫助孩童完成該階段發展的**安撫**。如果兒童無法從主要照顧者或其他地方獲得這些支持，其情緒成長將會有所缺陷，進而阻礙後續階段的進展。此種缺陷可大可小，其可能成因也相當多，但無論成因為何，都同樣導致孩子缺乏適當的肯定，進而影響該階段的發展任務。有些因素很常見，例如弟弟或妹妹出生、搬家、家庭成員關係改變，有些甚或可能烙下創傷。以下將簡單描述發展任務以及每一階段所需要的肯定，並將於本章稍後的段落進一步詳加說明。

■ 在此模型中，發展並非直線性質，而是循環的。這意味著我

們可以再度造訪早期階段，並有希望發掘我們的需求，以及
初次經歷該階段時錯失的經歷。對兒童或者成人皆是如此，
Levin的看法是，我們不要在青少年時期結束時便「終止」，
而是繼續在整個生命的過程中回顧這些階段。對兒童而言，
這讓他們有機會透過聆聽、接納、肯定與任務實習，「趕上」
實際年齡之前幾個階段的情緒發展進度。對成人而言，則提
供他們機會，在自然的歷程中進行回顧循環時，「修復」可
能造成發展困境的斷層。老師可由此模型中學習到不只是如
何協助兒童發展，也能了解自身的需求以及可能的「盲點」，
進而找出復原的方法（Napper & Newton, 2000）。

因此，運用此一模型兼具兩項功能：

■ *預防性*——了解並且提供兒童每個階段茁壯成長與情緒健全
發展的需要；

■ *復原性*——透過觀察和評估可能的缺陷，並且有耐心與誠心
地重複給予所需的肯定，以利「修復工作」的執行。

　　Levin 最初是針對成人的心理治療工作，提出這些概念。後
來由 Jean Illsley Clarke（Clarke & Dawson, 1998）發現這些概念的
教育用途，進一步根據上述預防與復原的原理，發展出一套親子
教育的方法。Clarke 拓展了各種肯定的範疇與程度，加入許多有
關認同與滿足需求的概念，並且提出許多給予肯定的方法。本章
使用的肯定形式係以她的研究作為基礎。我們相信可以為老師和
校內其他與兒童有互動關係的成人，進一步發展這些概念。

階段 1：生存（being），0 到 6 個月

75　　　從出生到六個月大左右，嬰兒的首要任務純粹只是學習如何
「活」在這個世上：接受照顧與觸摸、建立情感上的聯繫、信任
照顧他們的大人，以及用哭的方式來滿足需求。當嬰兒得到愛與
關懷，獲得良好照料，且其需求都能一貫地獲得滿足時，他（她）
就會發展出信任與感應性的態度，這便是生存的根基。這也就是
Erikson 所謂的「基本信任」（basic trust），Daniel Stern（1998）
以及客體關係治療師也在他們的作品中提過類似的概念。嬰兒會
汲取允許「活著」（to be）的訊息：產生信任、歸屬感，且認同
自己是家庭、社群和人類社會的一分子。這聽起來可能顯得平淡
無奇，然而最近我們卻觀察到，此項基本照顧未獲滿足所遭致的
結果：包括中國的女嬰被棄置在「等死室」（dying room）、希
奧塞古（Ceaucescu）統治下的羅馬尼亞孤兒院，以及種種在許多
富裕西方社會裡的嬰兒和幼童進行的研究裡。就算是像露易絲這
樣情況較輕微的案例，仍讓人感到痛心，他們不容易信任別人，
也不易建立歸屬感，也因此較為被動而且缺乏自信。

　　此一觀點並非企圖歸咎於父母──大部分的父母都盡力為子女提供最好的照顧。缺乏所需的肯定有諸多因素，例如家人生病、產後憂鬱、忙於照顧其他子女、意外、創傷、離婚，或者父母本身便缺乏適當撫育子女的典範可供效法，因此並不了解嬰兒的需求，這同樣也都情有可原。然而不論原因為何，其結果都是造就了像露易絲這樣的孩子，她的實際年齡應該正要經歷第四階段的身分認同期，但卻仍「卡」在這個階段停滯不前。

■ 露易絲需要什麼呢？

■ 老師和輔導社工該如何幫助她？

階段2：行動（doing）或探索（exploring），6到18個月

　　當嬰兒開始具備行動能力，可以起坐、爬行、站立與走路時，便開始探索這個世界。這個階段的主要任務是使用所有的感官來探索和體驗，並開始採取主動的態度，來了解這個世界。為了要快樂地執行任務，兒童需要受到保護和鼓勵：支持他們完成探索的任務，這將成為他們經驗性學習、反應能力，以及發展直覺與敏感的同理性思考之一大資源。兒童在此階段正大量地學習，包

76

括判讀人們的表情和語調，探索自己的能力並且反覆地做相同的事，直到他們「累垮」為止。因此他們需要有各式各樣不同的變化，遠離傷害的安全環境，以及別人的鼓舞來進行探索。在他們探索和實驗當時，嬰幼兒需要知道照顧者就在身旁，他們可能不時轉向照顧者，尋求心安或者是與照顧者分享新發現。像莎夏就是一個安全感與支持的需求無法均衡的案例。可能是她太過受到保護而無法學習如何探索，又或許她未受到足夠的保護，在探索時沒有參考點或安全網，而導致心生畏懼。

　　■ 莎夏現在需要什麼來建立探索的信心，並通過這個階段呢？

階段 3：思考（thinking），18 個月到 3 歲

　　在前一個行動階段中，兒童學習如何探索，但不需使用語言來「組織建構」其體驗。當幼兒開始學習說話與交談時，也會開始將自己視為個別的個體，有他自己的思考、想法、感覺與觀點。這就是所謂的「恐怖的兩歲」（terrible twos）階段，該階段的特

徵是當幼兒在測試現實（與照顧者）時，會面臨爭鬥、衝突與挫敗，一切都想自己來，而且對每項新體驗都有激烈的反應。此階段的「任務」就是學會思考和解決問題，以及表達感受。幼兒需要有人肯定他們的思維、給予解釋、說明作法，並訂立明確的界限——在此一階段，認識結構相當重要。兩歲大的幼兒有股「熱情」，會不斷地實驗與測試各種人事物（Gopnik et al., 1999），如果適時給予適當的肯定，有時就能將「恐怖的兩歲」轉變為「了不起的兩歲」。連恩似乎就是缺少了所需的結構，因此到了五歲，結果仍是經驗挫折，以及在感受與思考層面渾沌般的困惑。

77

■ 連恩要如何學習為自己思考，並且也讓別人這麼做？

階段 4：身分認同（identity）與權力（power），3 到 6 歲

在幼童三歲大之前，便已經為自己以及如何與他人互動，做了一些重要的決定。在此階段中，他們將會提出基本的哲學問題，

例如「我是誰？」「那些人又是誰？」「現在發生了什麼事？」
「我明天要做什麼？」「我長大後要做什麼？」藉此進一步發展
這些決定。他們就這些問題所發掘的答案，便成為腳本的基礎。
本階段的發展任務是成為獨立的個體，擁有自我認同，發掘他們
自己是誰，測試自己的權力，找出行為的結果，以及學習分辨幻
想和現實。除了照顧者以及年長的手足可以提供資訊與典範之外，
故事、書籍、影片也都是重要的資源。肯定兒童的焦點，在於促
使幼兒成為他自己，適當地擁有權力，並且了解現實與虛偽的差
異。在本階段結束之前，幼童即將踏入學校——對一些像丹尼爾
這樣的幼童而言，在他們的情緒做好準備之前，且仍然缺乏自信
的自我認同時，就得開始上學了。

■哪些事情可幫助丹尼爾完成本階段的任務，並「趕上」他的
　發展進度呢？

78　　✾**階段 5：技能（skills）與結構（structure），6 到 12 歲**

本階段包含小學時期，在這幾年當中，兒童學習如何活出屬於自己的腳本故事。學校的社交情境作為舞台，供兒童演出腳本戲劇。社會學習是此階段性任務的主要成分——從錯誤中學習、決定要做什麼、了解規則是什麼、如何表達反對意見，以及如何發展個人價值與信仰體系。此階段的各項學習都需要受到肯定，並保證兒童可以與照顧者有所差異，即使如此仍可以受到重視與欣賞。

階段 6：整合（integration），12 到 18 歲

　　中學年齡，乃是透過**重遊再訪**（revisiting），以及可能做出某些調整，整合先前各階段學習的時期。藉由對他們長大成人並開始嘗試獨立的肯定，可以使整合更可能完成。此階段的孩子們在經歷重新造訪的過程時，即使有時看似隨意的行為，都需要獲得鼓勵與支持。十三歲大的孩子在重遊再訪生存與行動階段時，可能會在被動和主動之間搖擺不定；十四歲大的孩子在開始跳脫兒童行為模式時，也同時重演了思考期的反抗與挫折；十五與十六歲的孩子會經歷身分認同的問題，而十七與十八歲的孩子會再次經歷學習新技能和新規則的階段，但是這次學習的是成人世界的技能與規則。在此同時，中學年齡的學生仍將會演出任何與兒童時期發展階段斷層相關的問題行為，而當他們第一次重遊再訪他們「錯過」的階段時，這些問題可能會更加惡化。

循環再生（recycling）與改變　　　　79

　　當我們抵達成人時期之後，我們仍會持續循環各階段的發展

並給予再生。當你檢視本章最後所列的各項肯定時，考慮一下當中哪幾項對你似乎特別重要。對您個人而言，這些可能就是關鍵訊息，可能是你正經歷自然週期中的某個階段，抑或是對你個人發展而言特別重要的階段。

　　除了我們年齡漸長時會再度造訪各個階段之外，當我們遇到新的或者不熟悉的體驗時，例如開始一份新工作、加入訓練課程、搬家，或者投入一段新的關係，也會反覆地循環這些階段。這些就是在圖 5.1 中的小螺旋。

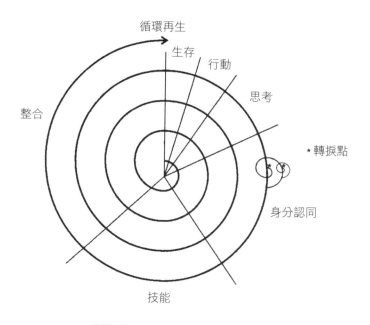

圖 5.1　發展週期（Hay, 1993）

　　任何對我們意義重大的階段，也都會出現在這些小螺旋上。進一步探索這個進程的方法之一，就是將各階段的發展繪製成能力和精力的曲線圖，又稱為改變、變遷或能力曲線圖，如圖 5.2（Hay, 1996）所示。

　　我們可以運用此曲線圖來描繪孩童進入新學校、老師開始新工作，或者學校正在經歷改變過程時的情況。在我們討論各階段時，請思考以下的問題：

■ 您自己開始從事新事物的經驗。

■ 你所認識的某位孩童正要進入新學校或重返學園就讀。

■ 某位最近經歷某種改變或者失落的孩童。

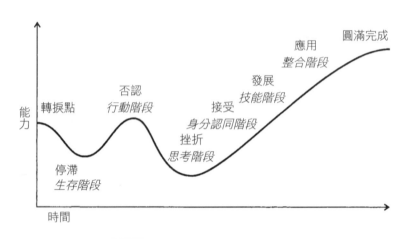

圖 5.2　　能力曲線圖（Hay, 1996）

　　　　當我們遇到任何新的處境，一開始可能會感到困惑、震驚或者騷亂。這就是曲線圖上*停滯*的狀態——當我們意識到*生存*在一個新的環境時，精力下降，而且我們可能會變得被動，好像是「出生」到一個不熟悉的處境。就如同新生兒，我們需要受到歡迎與協助，才會產生歸屬感。

　　　　當我們安頓下來後，精力便會上升，而我們也會開始*探索*新環境。我們的能力似乎也提升了，這可能是因為運用了由上一份工作或前一個學校所獲得的技能。我們可能會*否認*新環境中的現實，事實是我們從前獲得的技能或策略有所不足。若要在此階段獲益，我們便需要有機會以自己的方式探索，不受限於所加諸的期望，然而另一個人則仍持續關注安全的問題。這是個「感受」的階段，唯有當我們有安全感時，才能做好準備朝下一個階段前進。

接著，當我們體驗到思考階段中的*挫折*特質，我們的精力與勝任感可能會跟著下降；此刻我們於是體認到在新環境中，需要以不同的方法行事，但是還不知如何著手行動。鼓勵自我的思考，能讓我們進一步尋得新的*身分認同*；接受新環境以及我們在其中的定位，然後再繼續*發展*目前所需的*技能*。

個案研究

為闡釋此模型如何指引學校事務，我們可以藉由探討以下案例，來說明如何因應學生重返校園的早期階段。

卡爾從針對社會、情緒和行為需求（social, emotional and behavioural needs, SEBN）的學生所設置的特教學校重返在地的中等學校。他被安排在求學階段轉換的時間點重返校園，如此一來，他就比較不會成為過於引人注目的新生。當他在特教學校最後一學期即將結束時，老師支持他在當地的一般主流小學參與部分時段的課程，以逐漸再度適應一般主流學校的課堂實況。

在卡爾確定可以進入該中學之後，他曾在特教學校人員的陪同下，非正式地參觀該所學校。他也曾和該校的所有轉學生一起參與學校主要的參觀行程。而最重要的是，接受卡爾的該所學校明確地表示歡迎他的入學，而且也賦予他在校園內具備應有的地位。

在他剛進入新學校的初期階段，特教學校的人員在第一學期仍然繼續從旁提供協助，以期能夠迅速解決卡爾的焦慮

與困難。在前三個階段，由於卡爾受到誠摯的歡迎，有機會探索新環境，也在過渡時期獲得協助而接受他新身分；因此，卡爾在前三個階段（生存、行動和思考）當中都獲得了適當的支持。

82

　　另一個案例則是小學生莎莉，她在遭到某學校退學之後，被安排重新進入一所新的學校就讀。莎莉和她的父母受邀前去參加一場規劃會議，與會人士除了學校校長以及班級導師之外，還有幾位專業人士。莎莉很顯然因為在場為數眾多的大人而感到不知所措，這狀況促使校長採取了強而有力的行動。他邀請莎莉一起參觀將來要上課的教室，他們一起參觀學校，而其他成人們則繼續討論。之後校長與莎莉回到會場，然後大家建議莎莉帶她母親去參觀校園。

　　在這兩個個案中，一些與生存階段相關的關鍵肯定，藉由成人的行動、規劃以及語言有效地傳達。表達肯定並不需要複雜的規劃，它可以純粹反應在我們對孩童的言詞當中。

　　發展模型的週期循環，幫助我們了解孩童和成人兩者的情緒成長階段。以聆聽或其他方式接受到適當肯定的兒童，擁有能力建構正向腳本，也因此建立了屬於自己的安全感，能夠自我鼓勵，有技巧解決問題，可與他人合作，具有享受以及自發的能力。**肯定**（affirmation）虜獲了我們都需要的訊息（在不同階段強調不同的訊息），幫助我們成長，使我們擁有豐富的情感生活。我們自己接受了肯定，並將它們賦予學童，便能同時斟酌與考慮到個人、

團體（班級）和組織（學校）健全發展和邁向成功的需求。

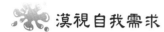

漠視自我需求

有時這種情形並不會發生。在上一章裡，我們簡單地討論到漠視、貶抑或輕視個人或處境的某種層面。會有許多方式可以漠視學童情緒的需求，而且所有的漠視都相同，可分為四個層面。我們可能會漠視：

- 問題的存在──未發掘事實真相，或者加以否認，例如忽略了露易絲的被動性，或者是連恩的憤怒。
- 問題的嚴重性──不接受其意義，例如，「這不算什麼，他（她）就是這種小孩」。
- 問題之可以解決──看不到其他的選擇，例如，「如果他（她）就是這樣，我們也拿他（她）沒辦法」。
- 個人解決問題的力量──不負責任，例如，「我不知道該拿他（她）怎麼辦」。

考慮（taking account）事實真相與其意義，找出解決之道並採取行動，這對老師與學童雙方而言，都是一種**賦予權能**（empowering）的過程。

對露易絲而言，再三保證她是受歡迎而且被接納的，她的感受是 OK 的，而且其他人都會為她考慮一下，這會提供安全感，幫助她往前邁進；對連恩而言，一致的界限、安撫他的想法，並接納他的感受，將有助於他經歷思考階段。

對這兩個孩子──乃至於所有的幼童──至關重要的便是允

83

許他們自己去體驗，而不是接受別人對他們的定義。Carole Gesme
（1996）製作了「粉紅許可」（因為它們是印在粉紅色的卡片
上），用來作為給予兒童實踐並感受的許可證。Carole 在家庭治
療中心工作時發現，年幼的兒童覺得接受許可去感受（你可以感
受悲傷），比陳述他們的感受（我覺得悲傷）來得容易；他們通
常都不知道自己的感受是什麼。本章最後提供了一個「粉紅許可」
的清單，以及一些可供運用的概念（在「資源」一節的內容中）。

維持行進方向：結構／撫育之道

此項工具（如圖 5.3 所示），係由 Jean Illsley Clarke 為身為
父母者所開發；我們認為這也是相當適合老師使用的一種模型。
道路上的車道是 OK 的功能，其中老師考慮學童對支持和照顧的
需求，並且同意包含可協商與不可協商的規則，以提供必要的結
構。「軟性路肩」則是我們在承受壓力下，漠視我們可以有所作
為來改變壓力處境，所可能偏離誤入的區域。如果我們發現自己
處於圖片中末端危險的「沼澤」區，就必須採取行動來警示我們
自己與他人，表示我們有所苦惱而需要協助，或是需要他人指點
我們正視問題。這可幫助我們保持警覺，提醒自己必須：

- 保持在行駛的車道上。
- 能夠覺察到何時進入了路肩，並選擇讓自己回到車道上──
  亦即考慮到自己的需求以及學童的需求。
- 在教學中維持結構與撫育間的平衡。
- 當發現自己接近沼澤區時，尋求同事的協助。

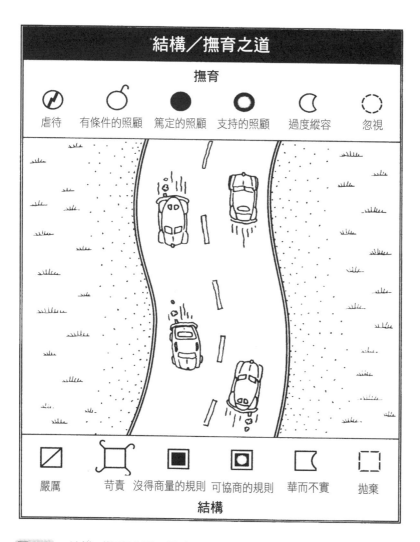

結構／撫育之道

撫育

虐待　有條件的照顧　篤定的照顧　支持的照顧　過度縱容　忽視

嚴厲　　苛責　沒得商量的規則　可協商的規則　華而不實　拋棄

結構

圖 5.3　結構／撫育之道，摘自 Jean Illsley Clarke 與 Connie Dawson 合著之 *Growing up Again* 一書。© 1998，J.I. Clarke and C. Dawson。本書業經 Hazelden Foundation，Center City，MN. 許可轉載。

在本章最後的「資源」一節當中，提供了一些道路使用的概念。

> ## 個案研究
>
> 　　有愈來愈多的兒童透過行為來溝通，表示目前的體系未能適當地滿足他們的需求，或者使得他們有能力適應教室裡的壓力。某一地方教育當局（LEA）目前正透過其基礎行為支持小組（primary behaviour support team, PBST）與特殊教育需求顧問師資，根據發展模型的循環開發替代措施。教育當局在三所學校安排每週一個下午，針對全部具有錯失早期情緒發展跡象的各年齡層學童，提供撫育的課程。課程以小團體的方式進行，其中包括兩位成人，他們可以和學童們一起遊戲、讀故事書、做菜、進行美術活動、角色扮演，以及單純地在旁看顧他們，確保他們的安全。強調的重點在於自由地遊戲與選擇。兒童被准許在安全的界限內，以他們想要的方式存在與行動。這個課程會以說故事的方式做結束。初期團體的成果相當成功，這些課程的工作人員包括一位基礎行為支持小組的派員與一位學校教員，該教員在基礎行為支持小組的派員撤出後，仍持續維持這些課程。學童對該課程的熱烈反應使得某位學校教職員相當感動，她並因此表示：假如該團體能夠持續進行的話，她自願在沒排課的下午到學校幫忙。班級導師也發現，有了每週這段為這群兒童設置的活動時間，他們更能適應課堂的環境。

這些學校每週撥出一個下午試行這項課程，使得這些情緒發展有斷層的兒童，有管道與機會實踐先前發展階段的課題，並從中獲得肯定。所有的年齡層都可以納入此課程，包括中學、小學與幼稚園。這些兒童可以將時間暫停，並有機會實踐先前的階段任務。雖然這課程還在發展中，但是初步跡象顯示大有可為，這項課程將被列入地方教育當局執行的行為支持計畫（behaviour support plan）當中。

　　像保羅這樣的兒童，由於被忽視而在人生的早期錯過了許多與成人接觸的機會。托兒所的工作人員運用發展循環理論，來審視他所需要重遊再訪的肯定與任務。他們應用了《成長不止息》（*Growing up Again*）的教材內容，特別是相當有幫助的父母行為部分。保羅過去絕大部分的時間都是獨自一人在房裡看電視，所以他擁有相當好的機械式語言，然而他並無與人溝通的敏銳度。因此托兒所的工作人員帶他回到生存階段，並在身體觸摸、反應臉部表情與判別親密接觸等等層面下功夫，也同樣讓他完成了行動與思考階段的任務。這位老師和她的主管剛完成發展循環的初級人員培訓課程，所以他們便運用其所學著手切入。

　　另外，基礎行為支持小組也發現許多小學年齡的個別兒童有情緒發展斷層的問題。小組成員為這些兒童安排時間進行工作，讓他們獲得協助，處理早期在托兒所環境中的議題。於是他們一方面遊戲，一方面互相幫助，藉此填補這些斷層以及未完成的任務，此外也透過協助他人來培養自尊心。

86

我們也協助了許多有情緒發展斷層問題的十一年級（譯註：英國高中最後一年）學生，即使當他們在中學期間，都被視為相當有破壞性，可是一旦在處理小學與托兒所時期的經驗時，他們的反應都相當良好，也都能開心地玩在一起。

針對年齡稍長且具有情緒與行為障礙（emotional and behavioural difficulties, EBD）的學童，實施戶外教學的成效相當良好，因為這使他們有機會在不顯得「孩子氣」的脈絡下，回顧過去循環再生。事實上，這可視為一種十分可靠的方法，而且又能帶領學童回到與初期發展階段相關的任務。可以在划獨木舟的時候戲水，也可以玩泥巴，而且即使感到害怕或者依賴他人也都是 OK 的。冒險活動都與知覺風險有關，活動的進行都在指導員或成人的掌控之下，然而學童仍經常會有失去控制的感覺。他們必須信任，並且學習如何信任。這可能是第一次有成人以他們在早期發展階段時期不曾經驗過的方式，來保護他們的安全。

 資源

以下幾頁的內容羅列各個發展階段的發展任務、所需的肯定，及老師與照顧者有益的行為。表 5.1 提供了簡易的內容摘要。接著有各階段的評估量表，讓您用來評估兒童完成階段任務的進度。

✎ 發展週期：階段 1——生存（0 到 6 個月）

兒童的任務：

- 要求獲得照顧。
- 以哭泣或其他信號獲取需求的滿足。
- 接受碰觸。
- 接受撫育。
- 建立情感上的連結——學習信任照顧他的成人和自己。
- 決定要生活與存在。

給予肯定：

- 我很高興有你在這裡。
- 你屬於這裡。
- 你的需求對我們很重要。
- 我們很高興你就是你。
- 你可以依自己的步調來成長。
- 你可以去感受你的各種感覺。

87

- 我們希望你在這裡，並且要照顧你。

老師與照顧者有益的行為：

- 肯定兒童實踐此階段的發展任務。
- 始終一致地提供所需的照顧。
- 在需要時為兒童著想，並監督他們整個階段的發展。
- 運用碰觸、抱持、談話、歌唱——並以直覺決定方式與時機。

■ 表現出可靠而且值得信任。

■ 在不確定如何回應兒童時，尋求協助。

發展週期：階段 2──行動（或探索）（6 到 18 個月）

兒童的任務：

■ 探索和體驗環境。

■ 運用所有感官來發展知覺體驗。

■ 發出需求的訊號：信任他人和自己。

■ 持續建立對父母及／或照顧者的安全依附。

■ 在面對苦惱時獲得協助。

■ 開始學習事情總有不同選擇，以及並非所有問題都能夠輕易解決。

■ 發展主動性。

■ 繼續進行生存階段的任務。

給予肯定：

■ 你可以探索與試驗，我們都會支持並且保護你。

■ 你需要重複做幾次都可以。

■ 當你探索時，可運用你所有的感官。

■ 你可以了解你所知道的事。

■ 你可以對任何事感興趣。

■ 不論你是活潑好動或者是安靜沉默，我們都喜歡你。

■ 我們喜歡看著你成長與學習。

老師與照顧者有益的行為：

- 肯定兒童實踐此階段的發展任務。
- 提供安全的環境並保護其免受傷害。
- 提供撫育性的觸摸與鼓勵。
- 多說「是」（或「可以」），少說「不」（或「不可以」）。　　*88*
- 提供各式各樣的感官體驗。
- 傾聽兒童，尤其當他（她）表達有困難的時候。
- 對觀察到的行為提出回饋意見，並示範新的語言文字。
- 當兒童發起活動時，給予回應。

發展週期：階段3──思考（18個月到3歲）

兒童的任務：

- 建立為自己思考的能力。
- 測試現實，挑戰界限和他人。
- 學習思考，並運用因果關係的思維來解決問題。
- 開始遵守簡單的安全指令：停止、來這裡、待在這裡、去那裡。
- 表達憤怒與其他的感受。
- 與父母分開，而不會失去安全感。
- 開始放棄自我為宇宙中心的想法。
- 持續進行早期的任務。

給予肯定：

- 我很高興你開始為自己著想。
- 你可以說不，並依你的需要試探界限。
- 你生氣是 OK 的，我們不會讓你傷到自己或別人。
- 你可以學習為自己著想，別人也是。
- 你可以同時思考和感受。
- 你可以了解自己的需求，並尋求幫助。
- 你可以做自己，我們依然會關心你。

老師與照顧者有益的行為：

- 肯定兒童實踐此階段的發展任務。
- 協助由一種活動過渡到另一種活動。
- 給予簡單明確的指示，包括基本的安全指令。
- 維持始終一致的態度，設定界限並確保兒童遵守。
- 接受兒童的各種感受而不會陷入輸贏的爭戰當中。
- 提出理由並提供資訊，促使兒童獨立思考。
- 透過鼓勵和慶祝的方式安撫思考。
- 期許兒童考慮自己和他人的感受。
- 給予時間讓兒童發展新的思考，例如：因果關係。

89   發展週期：階段 4──身分認同與權力（3 到 6 歲）

兒童的任務：

- 主張與他人區隔的身分認同。

■ 獲得有關世界、自我、身體和性別角色的資訊。

■ 發掘自己對他人的影響以及在團體中的地位。

■ 學習如何施加力量來影響關係。

■ 練習合宜的社會行為。

■ 區別幻想和現實。

■ 了解個人權力的範圍。

■ 繼續早期任務的學習。

給予肯定：

■ 你可以探索自己是誰，並去認識其他人。

■ 你可以嘗試不同的方式來行使力量。

■ 你的所有感受都是 OK 的。

■ 你可以學到自己的行為所產生的後果。

■ 你可以是有力量的，同時也可以尋求他人的協助。

■ 你可以學到什麼是偽裝、什麼是真實。

老師與照顧者有益的行為：

■ 肯定兒童實踐此階段的發展任務。

■ 期許兒童表達感受，並將感受與思考做出連結。

■ 清楚地教導兒童做自己是 OK 的，兩性與各種文化也都是 OK
的。

■ 正確地回答問題，提供資訊並糾正錯誤的資訊。

■ 清楚劃分教室與操場中，哪些人要負些什麼責任。

■ 鼓勵想像，同時幫助兒童釐清幻想與現實。

■ 認可並回應適當的行為。

◎ 發展週期：階段 5──技能與結構（6 到 12 歲）

兒童的任務：

- 學習技能，從錯誤中汲取教訓，並決定要做到「夠好」。
- 學習聆聽，以蒐集資訊並且思考。
- 練習思考與付諸行動。
- 合理思考慾望與需求。
- 檢討家庭與學校的規則及架構。
- 認識規則的適切性。
- 經驗違反規則的後果。
- 與他人意見不同，卻仍為人所喜愛。
- 測試概念與價值。
- 發展內在控制。
- 了解哪些是自己的責任，哪些則是他人的責任。
- 發展與人合作的能力。
- 測試反對他人的能力。
- 認同自己的性別。

給予肯定：

- 你可以在表示「好」或「不好」之前先想一想。
- 你可以從錯誤中學習。
- 你可以信任自己的直覺，來幫助自己決定想要做什麼。
- 你可以尋找適合自己的做事方式。
- 你可以學習有助於與他人相處的規則。

■ 你可以學習何時與如何表達反對的意見。

■ 你可以為自己著想，並尋求協助，而非停留在困頓的處境中。

■ 雖然彼此有所差異，我們仍想和你在一起，而且可以一起學習。

老師與照顧者有益的行為：

■ 肯定兒童實踐此階段的發展任務。

■ 教導化解衝突與問題解決的技巧。

■ 對兒童的學習、思考與尋找自己做事的方式，給予大量的安撫。

■ 鼓勵技能的發展。

■ 抱持著鼓勵、熱情、可靠與始終一致的態度。

■ 尊重兒童的意見與信念，並允許彼此討論。

■ 清楚表明錯誤也是學習的一部分。

■ 挑戰負向行為，並就漠視加以面質。

■ 鼓勵參與制訂規則，並清楚說明可協商與不可協商的規則。

發展週期：階段6——整合（12到18歲）

91

青少年的任務：

■ 起步邁向獨立。

■ 在情感上更明確地與家庭分離。

■ 展現成為擁有自我認同與價值體系的獨立個體。

■ 具備行為與責任能力，因應自己的需求、感受與行為。

■ 將性徵整合到早期發展任務當中。

給予肯定：

■ 你可以認識自己，並學習和練習獨立的技巧。

■ 你可以發展自己的興趣、關係與目標。

■ 你可以在自己的女性或男性特質中成長，但有時仍需要他人協助。

■ 你可以學習以新方式運用舊技巧。

■ 我們期待認識成年的你。

■ 我們相信你在需要時會尋求支援。

老師與照顧者有益的行為：

■ 肯定青少年實踐此階段的發展任務。

■ 繼續提供適當的支援。

■ 接納青少年的感受。

■ 面質不為接受的行為。

■ 明確表示校方對毒品等的立場。

■ 鼓勵增長中的獨立性。

■ 期許青少年思考、解決問題與自我決斷。

■ 面質青少年破壞或者自我毀滅的行為。

■ 慶賀青少年長大成人、展現自我認同等等。

■ 協商規則與擔負的責任。

（所有發展週期的內容均摘自 Clarke 和 Dawson 在 1998 年的著作。）

發展階段摘要表

92

表 5.1　發展階段（摘要表）

階段	兒童的任務	需求、安撫	有益的行為
1　生存 （0 到 6 個月）	學習如何滿足需求；學習如何信任；建立情感連結；接受照顧與觸摸。	愛、照顧、觸摸；始終一致；你屬於這裡；為嬰兒著想。	持續一致的照顧；運用觸摸、抱持、談話、歌唱；可靠的；在必要時為兒童著想。
2　行動（或探索） （6 到 18 個月）	探索與體驗；發展感官、主動性；學習獲取協助；形成安全的依附。	安全感、鼓勵、多元性、保護、支持；不要妨礙；好動或安靜都是 OK 的。	給予鼓勵、提供具備多種感官體驗的安全環境；傾聽兒童；回應並示範語言表達。
3　思考 （1 歲半到 3 歲）	學習思考、測試現實、解決問題、表達感受；開始與他人有所區隔；放棄自我中心的態度。	鼓勵思考；提供理由、指引；接納感受；設定界限。	提供簡明的指示、資訊；安撫思考；接納感受；保持始終一致的態度。
4　身分認同與權力 （3 到 6 歲）	主張與他人區隔的身分認同；獲得有關自己、自己在家庭中地位的資訊；測試力量；社會行為；區別幻想與現實。	男女性別都是 OK 的；提供資訊；回答問題；安撫 OK 的行為；自行尋求支援。	正確地回答問題；連結感受與思考；對責任的態度明確；教導如何接納。

表 5.1　發展階段（摘要表）（續）

5　技能與結構 （6 到 12 歲）	學習技能；犯錯；傾聽；推理；在家庭內外的結構；價值觀；反對；測試概念；合作。	大量的安撫；可靠的、明確的；提供工具；訂立規則；允許後果；挑戰行為。	教導如何化解衝突、解決問題；支持技能發展；尊重兒童的意見。
6　整合 （12 到 18 歲）	分離；獨立、負責任；有自己的需求、價值觀；整合性特徵。	了解、鼓勵、接納、支持、討論、慶祝。	提供支援；面質破壞行為；鼓勵獨立；協商規則與責任。
7　循環再生			

🎼 評量表

93

發展週期：階段 1——生存（0 到 6 個月）

任務　　　　　　　　　　　　　　　　　　　　　　**等級 1-10**

要求獲得照顧

以哭泣或其他信號獲取需求的滿足

接受碰觸

接受撫育

建立情感上的連結——學習信任照顧他的成人和自己

決定要生活與存在

目標任務

支持性的肯定與允許

尋找新行為

觀察到新行為：時間、地點和參與對象

（摘自 1999 年 Daunt 與 Furmage 的著作）

94 ✂ **發展週期：階段2——行動（或探索）（6到18個月）**

任務   等級 1-10

探索與體驗環境

運用所有感官來發展知覺體驗

發出需求的訊號：信任他人和自己

持續建立對父母及／或照顧者的安全依附

在面對苦惱時獲得協助

開始學習事情總有不同選擇，以及並非所有問題都能夠輕易解決

發展主動性

繼續進行生存階段的任務

目標任務

支持性的肯定與允許

尋找新行為

觀察到新行為：時間、地點和參與對象

（摘自 1999 年 Daunt 與 Furmage 的著作）

發展週期：階段 3──思考（18 個月到 3 歲）

95

任務　　　　　　　　　　　　　　　　　　　等級 1-10

建立為自己思考的能力

測試現實，挑戰界限與他人

學習思考，並運用因果關係的思維來解決問題

開始遵守簡單的安全指令：停止、來這裡、待在這裡、去那裡

表達憤怒與其他的感受

與父母分開，而不會失去安全感

開始放棄自我為宇宙中心的想法

持續進行早期的任務

目標任務

支持性的肯定與允許

尋找新行為

觀察到新行為：時間、地點和參與對象

（摘自 1999 年 Daunt 與 Furmage 的著作）

96 ❧ 發展週期：階段 4──身分認同與權力（3 到 6 歲）

任務　　　　　　　　　　　　　　　　　　　　等級 1-10

主張與他人區隔的身分認同

獲得有關世界、自我、身體和性別角色的資訊

發掘自己對他人的影響以及在團體中的地位

學習如何施加力量來影響關係

練習合宜的社會行為

區別幻想和現實

了解個人權力的範圍

繼續早期任務的學習

目標任務

支持性的肯定與允許

尋找新行為

觀察到新行為：時間、地點和參與對象

（摘自 1999 年 Daunt 與 Furmage 的著作）

發展週期：階段 5──技能與結構（6 到 12 歲）

97

任務

等級 1-10

學習技能，從錯誤中汲取教訓，並決定要做到「夠好」

學習聆聽，用以蒐集資訊與思考

練習思考與付諸行動

合理思考慾望與需求

檢討家庭與學校的規則及架構

認識規則的適切性

經驗違反規則的後果

與他人意見不同，卻仍為人所喜愛

測試概念與價值

發展內在控制

了解哪些是自己的責任，哪些則是他人的責任

發展與人合作的能力

測試反對他人的能力

認同自己的性別

目標任務

支持性的肯定與允許

尋找新行為

觀察到新行為：時間、地點和參與對象

（摘自 1999 年 Daunt 與 Furmage 的著作）

98 ✂ 允許做出改變的「粉紅許可」

- 你可以幫助別人
- 你可以說真話
- 你可以生氣
- 你知道你的感受
- 你可以享受樂趣
- 你可以要求別人幫忙
- 你可以表達你所有的感受
- 你是個很棒的人
- 你可以是個好朋友
- 你很重要
- 你可以學習規則

以下是使用粉紅許可的兩個構想：

- 運用「階段」的概念與評量表，選擇你認為可支持兒童發展的肯定方式。然後挑選三個與其相關的許可，例如對連恩，其中一種肯定可能是「你可以了解自己的需求，並尋求幫助」。

允許：「你很重要」

「你知道自己的感受」

「你可以學會規則」

老師或其他成人會坐在連恩身旁，每天將這些內容朗讀三次，並談論這些內容，直到連恩變得稍微平靜為止。

■ 製作一個「心情臉譜」（或是可以在 Kevin Smallwood 的著作 *Affirmation Ovals* 中取得，地址列於本書「延伸閱讀」的結尾），利用具有許多不同表情的氣球臉譜──悲傷、快樂、擔憂、生氣、驚嚇、大笑、疑惑等等。當兒童辨認出顯示其心情的臉譜時，就讓他們從粉紅色「氣球」（橢圓形粉紅許可卡片）中選擇一個來配戴、放在口袋裡等等。與兒童討論他們的感受，並向他們保證所有的感受都是 OK 的。對於稚齡幼童，你可以為他們讀出許可的內容；年紀稍長的兒童可能會想要自己閱讀許可的內容，然後再做選擇。

結構／撫育之道

老師、從事與兒童相關工作的成人，以及父母與照顧者，都可以運用這條公路來分享遭遇到的困難，並開發因應的方法。當有人談到自己與兒童或班級學生的互動經驗，以及想要改變的回應方式時，便可以將玩具車沿著公路推進，如此經常可以獲得新的洞察。例如，凱莉將她的小汽車放在「沒得商量的規則」該車道上，邊想著自己所教的小學六年級班級，還有關於制服的各種衝突。她了解到自己通常會走到「苛責」的路肩，並且陷入「嚴厲」的危險。她從這條車道末端「篤定的照顧」中得到啟示，並決定轉換到支持班級的車道，*協商*出學生們、凱莉自己，以及其校方都可以接受的規則，並成為班級契約的一部分。

99

運用肯定的方式

每個發展階段都有其相關的顏色：

生存——紅色　　　　行動——橘色　　　思考——黃色

身分認同——綠色　　技能——淺藍色　　整合——深藍色

它們通常會被寫或印在橢圓形卡片上，如圖 5.4 所示。

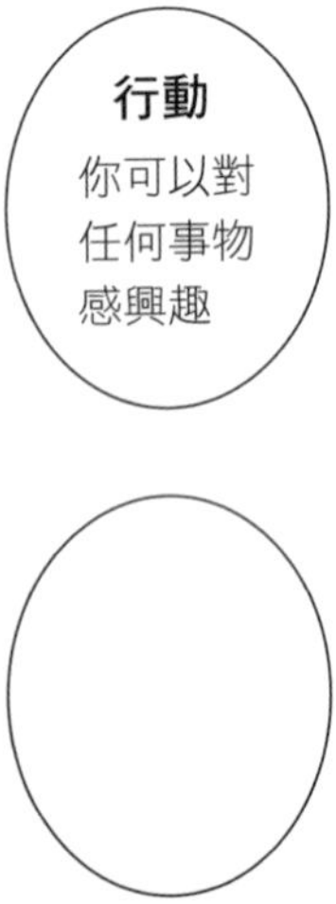

行動

你可以對
任何事物
感興趣

圖 5.4

　　橢圓形卡片的大小不拘——小的可以分贈，大的可以貼在牆上（可以從 Kevin Smallwood 的著作中，取得各種大小與組合的橢圓形肯定貼紙或者發光卡片，請參閱書末之「延伸閱讀」）。亦可在 *Growing up Again* 與 *Affirmation Ovals* 兩本書中找到許多運用橢圓形卡片的構想（請參閱「延伸閱讀」）。以下列舉某些範例：

■ 針對某年齡層的團體製作肯定用的海報，將它貼在牆上；當有人問到其中有關的問題時，就回答這些問題。

■ 將這些概念與上述粉紅許可相互搭配運用（也可以將粉紅許　*100*
可書寫在粉紅色橢圓形卡片上，或者另行購買）。

■ 對於年齡較小的兒童：將截至這些兒童年齡為止各階段的肯
定都置於箱子內或桌上；要求兒童給你其中一種顏色，然後
為他們讀出卡片上的內容。

■ 畫出數個大小足以容納此橢圓形卡片的「蛋杯」（請見圖
5.5），寫上名字，然後為每一個蛋杯選擇一項肯定；或讓兒
童為自己選擇，或為朋友選擇。

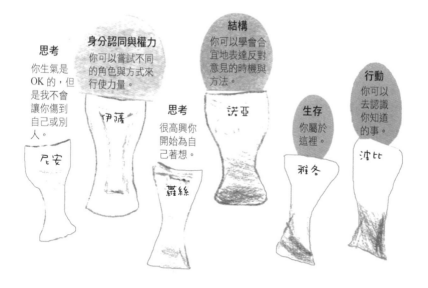

圖 5.5

■ 將橢圓形卡片當作花瓣，如圖 5.6 所示。

101

感受之花

圖 5.6

第六章

開發正向校風

■ 人們如何形容貴校的校風？

■ 你們又如何評量校園文化？

■ 哪種方法最能有效改變校風？

　　評論家、研究人員、決策者、督學、地方教育當局的官員以及教師們，多年來對於制定促進建設性行為的正向學校全體政策與措施，無不認同其重要性。有人努力探究這道謎題蘊藏的意涵，試圖發掘關鍵因素，了解如何塑造用以維繫校園社群間的建設性關係，兼具效能與正向特質之校風。至今已有眾多研究提出廣泛的實證，揭示這些看似玄奧的內蘊，例如 Watkins 和 Wagner（2000）、Galvin 等人（1999），以及由教育就業部贊助的研究計畫，該計畫的焦點乃針對情緒與行為障礙（emotional and behavioral difficulties, EBD）學生所實施的有效措施（University of Birmingham, 1998）。然而，就大部分層面來說，所謂校園文化的概念仍舊令人難以理解，如墜五里霧中，也只能反映出對於「健全的領導」、「一致性」、「培育自尊」的遵循，還有那有關「高度期望」索然無味的老掉牙需要。

　　或許交流分析在教育方面的基本運用之一，就在於如何運用其關鍵概念，根據學校實務經驗所發展出的方法，來評估與發展校園文化。本節的焦點在於探討如何運用自我狀態的概念，來闡明組織的文化特徵，藉此作為發展學校政策與實務的基礎。討論內容將著重於「學校自我圖譜評鑑工具」（School Ego-gram Assessment Tool, SEAT）的應用，以及在各校實施評鑑的心得。本章也會討論如何將前面幾章所敘述的其他交流分析觀點，應用在學

104

校發展相關議題的思考上。就某些層面而言，這是我們的研究工作中最具挑戰性的部分。其中，我們對於成人的感覺、經驗與行為，無可避免地與兒童的感覺、經驗與行為相互連結的觀察，明顯地成為關注的焦點。此話聽來或許有些聳動，但是要有效改善問題行為，往往意味著該由「教職員辦公室」做起，而非教室。我們再度懇切聲明，並非意圖歸咎推諉，而是要明確宣告希望所在。我們相信學校能夠成為更美好的處所，讓兒童在學業與性情雙方面都得以均衡成長。

你是否曾經無意間聽到他校的同儕形容自己的學校待人「親切」或者「友善」？抑或是聽到相當不同的評語，表示學校這裡「令人心生畏懼」、「公事公辦」或者「自喻清高」？在某些針對學校問題的討論中，我們經常會聽聞某些原來是用來指涉人格特質的語彙：「X 校自從獲得中央補助後，就開始瞧不起其他學校」、「前面那間學校超跩的，不吃他們那一套就得拉倒」、「我很喜歡去 Y 校，那裡的氣氛很好」、「Z 校努力嘗試辦學，但就是搞得一團亂！」

對於外界的眼光，我們或許只能如驚鴻一瞥，然而更重要的是，如何使我們自己具備敏銳的覺察，理解在日復一日之間，身為學校的一分子對我們的意義為何。我們可能會覺察到校內的某些訊息具備強大的影響力，例如，學校可能鼓勵教職員要「充實忙碌」或是「掌控全局」。訊息的本意可能是要我們「井然有序地」管理好分內的工作，或是希望全校同仁「勇於冒險、迎接新挑戰」，並且「從錯誤中學習」。包括學校在內的所有組織與團體都有其中心思想，強調兒童以及在其間任職的成人彼此應有的

具體共識。這些訊息的根源，顯然與資深幹部的態度與觀點有最直接的關聯；當然，其他諸如學校董事、教職員文化及組織歷史等因素，也都相當關鍵並深具影響力。就許多層面而言，學校其實與任何一位老師或學生無異，同樣都有其歷史背景，具有某些關鍵的影響力，以及當下的自我認同。學校一如個人，會學習獨立生存之道，並藉此對外傳達自我存在的價值。值得牢記的是，學校因為有眾人的參與，因此具有改革能力，至於是向上提升抑或向下沉淪，則是事在人為。

「學校自我狀態」的隱喻

活用自我狀態的概念，可發展出一套得以闡釋學校文化的方法。我們在前述的章節中，曾經探討過每一個體所具備的三種自我狀態：**父母、成人**與**兒童**。每一種狀態都能用來勾勒出塑造人格的因素，由於其獨特的經歷，因此造就了個人的特質。由於屬於個人獨特的歷史經驗，每位個體面對其處境，自其擁有的潛在選擇採取了不同的反應，有些是正向的，某些則是負向的。根據自己對行為模式的體驗，人們宣告對他人的觀感，並且造就了別人是否友善、一板一眼、風趣、古怪，或者很討人厭的等等判斷。

組織同樣有其獨特歷程，刻劃出過去已達成的事蹟，也附帶宣告當下的可能性。我們可以利用自我狀態的隱喻來描繪組織的行為，以及如何與外界溝通彼此的意涵。當談論到校風或學校文化時，我們便可以理解其指涉的便是組織對其內部及外部人士傳遞的「訊息」。

105

一如自從孩童時期以及持續成熟的人格發展之部分歷程，我們學習如何 OK 地自處，以及與他人相處，當然也可能遭遇失敗與挫折。這番經驗可以滋養日常行為常態模式，決定我們優勢的自我狀態。假使局勢獲得掌控，或者界限清楚，足以建構我們的工作與關係，我們很可能感覺舒適順心。相對地，假使擁有高度彈性，並且強調自發性，我們大概可以較有效能地做回應。人們通常仰賴一些特定的自我狀態，告訴自己如何思考、掌握先機並回應他人。在多數情況下，絕大多數的人都能熟練地進行自我管理。

從組織團體的角度來看，學校同樣具有優先的自我狀態。這意味基於種種理由，學校行為仰賴其獨樹一格的性格特質。學校行為是學校本身獨具的特質，儘管有許多地方及全國共通的特點普遍存在於各級學校，但唯獨學校特有的歷史決定其行為模式。

在此可採用學校自我狀態方案，此方案乃根據五大自我狀態模式設計而成，並邀請校方同仁針對每種模式舉出活動案例。其目的在於增進對學校行為的覺察，此乃反映學校是否具備選擇特定自我狀態的能力。圖 6.1 中的案例，顯示的是一所發展良好、具備自主特質的學校。

學校自我圖譜評鑑工具

學校自我圖譜評鑑工具（SEAT）是一套較具體的方法，能夠提供實用的資訊，用以規劃潛在可能的變革。

運用自我狀態理解組織

106

組織：<u>克雷頓小學</u>

請詳述這個組織對應於各種自我狀態的特徵，試著指出具體明確的特色。

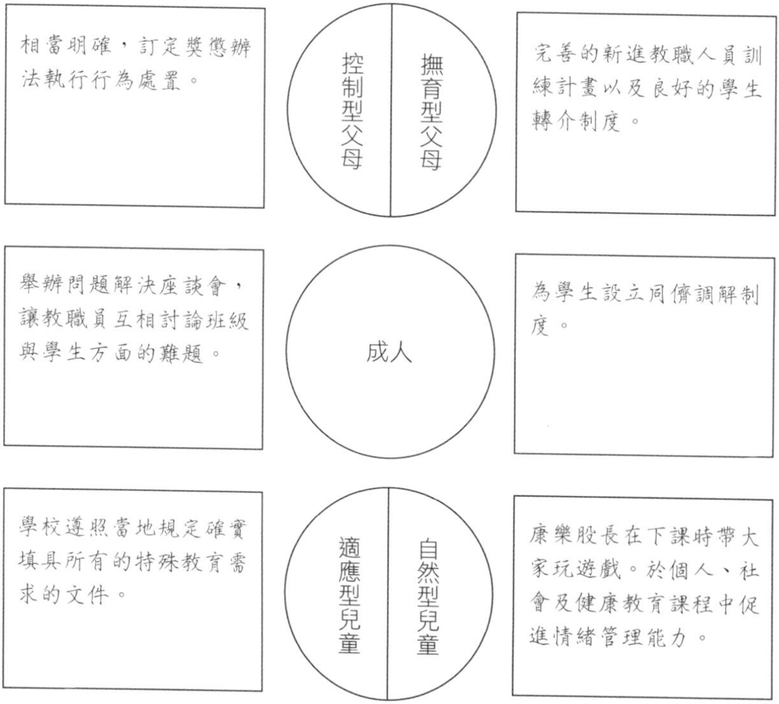

相當明確，訂定獎懲辦法執行行為處置。	控制型父母 / 撫育型父母	完善的新進教職人員訓練計畫以及良好的學生轉介制度。
舉辦問題解決座談會，讓教職員互相討論班級與學生方面的難題。	成人	為學生設立同儕調解制度。
學校遵照當地規定確實填具所有的特殊教育需求的文件。	適應型兒童 / 自然型兒童	康樂股長在下課時帶大家玩遊戲。於個人、社會及健康教育課程中促進情緒管理能力。

圖 6.1　透過自我狀態理解組織團體

　　運用自我狀態的概念與老師們合作時，許多問題紛紛浮出檯面。教職人員往往過度強調**成人**對**成人**交流的必要性。顯然這在與學生互動時相當具有功效，尤其是當具有潛在衝突的危險時。然而，有項重要、細微的觀察顯示，我們可能需要擴大潛在交流

105

的範疇，因為總是講求單純的**成人與成人**對話，終究有其限制。比方說，我們知道適時的幽默、適度的撫育，以及適當表現出老師的情緒，都有助於回應不同的處境。擁有較為平衡的自我狀態圖表，不僅具備優勢，對於個體，以及我們所隱喻的學校，也更有利於反應時擁有眾多選擇。如果老師的行為受到**控制型父母／適應型兒童**的主導，將限制其克服困難的能力。同樣地，如果學校傾向以**控制型父母**做反應，也將降低其處理問題狀況的效能。

　　當老師們開始思索**父母—成人—兒童**（P-A-C）的概念時，便開始對於如何運用此等概念來了解學校文化產生了疑問。為因應這個問題，於是有了學校自我圖譜評鑑工具的開發。這份工具實質上是一份評估問卷，用來分析學校的「性格」。類似用於個體人格分析的調查，學校自我圖譜評鑑工具能夠參考自我狀態模型，洞察校風的真實面貌。

　　學校自我圖譜評鑑工具的表格，乃根據原創者 Julie Hay（1996）設計用來供個體評量其自我狀態特質的表格形式開發而成。其中共有三十道題目，每一道問題都與行為模式相關聯。問題的內容不論有利或者不利，都與更為廣泛的各種態度有關，可以具體描繪學校給人的印象。每一道題目的答案都可加權計分，以便在總結的圖表中，可以呈現出不同分項的比重。累積每項答案的分數，便可以判定學校的自我圖譜。完成此初步評量階段後，即可利用所獲得的分析值作為日後發展學校文化的參考依據。

107

學校自我圖譜評鑑工具之實務運用

彙編校況輪廓的過程中，參與對象愈廣，所獲得的成果愈有價值。在某些學校案例中，雖然請了一位老師負責填寫評鑑問卷，但是這樣的調查結果並不足以代表各層面的全貌。邀請全體教職員參與評鑑調查或許十分費時，但能夠獲得較折衷的校況資料，如此雖有別於仰賴教牧經理與資深幹部的觀感，卻不失為另一種可行的作法。學校的定期訪視者，例如相關的教育心理學家、專業輔導老師或教育福利官員等，或許可以帶來某些令人耳目一新的貢獻。

填寫此評鑑量表約需要五分鐘，總受訪人數約需三十人份，最後則需要一個小時整理出評量結果。此項調查活動可以根據行為表現，將全校的受訪對象分門別類，或是單獨應用在學校的特定開發工作。調查內容須根據區域性的需求調整，以便參與的同仁澈底理解評鑑的目的——參閱第三章有關建立契約的原則，將有助於考量是否需要採用學校自我圖譜評鑑工具。例如，重點在於學校該對同仁解釋採用學校自我圖譜評鑑工具的理由，並且說明評鑑結果將如何納入未來計畫之中。

無疑的，需要有位員工負責審查與統計評鑑量表的工作，不過有關解析與探討學校自我狀態特質的工作，應盡可能邀集各界共同交換意見。邀請其他人參與評量結果的解析，是發展對校風之在地理解的重要程序。

108　　　🐾 **培育校風**

　　學校自我圖譜評鑑工具評量方法最重要的一環，或許應該在於鼓勵受訪者在每一個評鑑項目中列舉實證，用來支持自己的論點。比方說，假設某道題目的評分為 3──「學校面對危機時能冷靜回應」，最好能舉出實際的例子，以證明此項評等的依據。像是舉例說明資深管理團隊會派員於午休時間在走廊上巡視，以防範問題情事發生，或者在需要運用到督導之前，便可以實施適當的壓力管理措施。然而，如果分數評為 0 或 1，則無須提出例證。此種實證取向措施的重點，在於除了製作出自我狀態圖表之外，亦可以透過學校自我圖譜評鑑工具羅列完整的清單，指出可以描繪學校文化的各種活動內容。此種作答方式對於校風的發展意義重大，在此舉例並闡述如下。

個案研究

瑞姆西綜合中學

　　瑞姆西綜合中學的資深教職員希望透過學校自我圖譜評鑑工具法深入了解該校文化，並以端正校園行為及促進師生關係為旨，著手進行宣導。此舉目的在於釐清造成目前學校文化的因素，並審思今後應發展的層面。全體教師及各單位行政人員均填寫問卷，完成後交由資深管理團隊中的一位成員統籌整理。

作答回收問卷總數共三十三份，回覆率為全體教職員的 80％。幾乎所有的問卷皆為匿名作答，因此無從區別不同單位的教職員意見。

瑞姆西中學的校況評析如圖 6.2 所示。

整體觀察：

109

■ 重點在於一開始，便可以認清楚圖表中並無優勢模式的存在。換句話說，從教職員的觀點來看，數據與圖表不但顯示出整合性，也同樣具有均衡的特徵。若以形容人格的詞彙來描述，我們會形容此人相當「穩健」或者穩定，對於各種狀況具備高度發展的適當應變能力。評鑑結果顯示，該校校風在守成及維新之間，保持著一種巧妙的平衡。

108

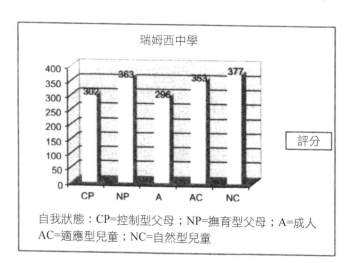

瑞姆西中學

自我狀態：CP=控制型父母；NP=撫育型父母；A=成人
AC=適應型兒童；NC=自然型兒童

圖 6.2 · 瑞姆西綜合中學自我圖譜

■ 有趣的是，**控制型父母**的部分獲得較低的評等，這點對學校來說較不尋常。公然強調管束與架構，尤其是在高中階段，有時傾向於導致過度介入與控制。

■ 此校的一大特色在於較高之**自然型兒童**的行為評等。在諸如憤怒、憂傷、愉悅等情感方面問題，校況評析中的**自然型兒童自我狀態**，對應了與關懷行為有關之**撫育型父母**其較高的評等。

■ **成人**部分的評等較低，顯示其健康的校風較可能維繫於扎實的直覺，而非條令分明的系統化管理機制。

藉由學校自我圖譜評鑑工具評量活動所核對的事證，不僅是重要的檢討資料，也對其他學校極具參考價值。比方說，假設學校輪廓顯示**成人**類型評等較低，而認定屬於有待加強的層面時，借鏡他校的**成人**舉動作為實例，截其長處以補己之短，不失為一良策。反之，學校可能需要仿傚他校所採用的強化措施，以捍衛或者開展諸如其**自然型兒童**之校風。經歷多所學校施行學校自我圖譜評鑑工具方法之後，我們彙整出教職員工所指出有關各種自我狀態可能之活動，如表 6.1 所示。

表 6.1　由學校自我圖譜評鑑工具問卷調查內容所彙整實例 *110*

自我狀態	學校行為：活動、反應與事證
控制型父母	• 明確制定行為準則： ──具體的程序。 ──學生有義務為自己的行為負責。 ──採行日常行為計畫。 • 校方除了定期的面談與電話拜訪之外，並且每週以及每學期固定向家長寄發有關的報告。 • 鼓勵教職員工前往他校參與在職進修訓練課程（In-Service Education and Training, INSET）。 • 學校教職員受邀擔任地方教育當局相關委員會的委員。 • 教職員在解決問題時，趨向於回溯過去的經驗。 • 父母與照顧者配合將學生的環境變化通知校方。 • 鼓勵教職員參觀其他教育中心或學校，並且提出實務建議。 • 實施資深管理團隊（Senior Management Team, SMT）輪班待命制度，負責接應並管束被請出課堂外的學生。 • 針對全體師生編訂明確的校區活動指引。 • 於每節下課休息時間，針對不守規矩的學生實行課後留置，由值班教職員輪流監管。 • 在學生入學當天，學校便與家長達成初步協議，澄清彼此期待。 • 學校傾向於自主運作，而較不受限於地方教育當局的影響。 • 在操場以及課堂上公開獎賞與懲處，以示賞罰分明。 • 於個人教育計畫中，明確傳達訊息，以表明期待。 • 學校援引他校經驗，處理疑難雜症。 • 學校因學生的學業成就，被譽為傑出教育機構。 • 根據教育標準辦公室的行動計畫，制定行為準則。 • 強調穿著制服的規定。

表 6.1　由學校自我圖譜評鑑工具問卷調查內容所彙整實例（續）

撫育型父母	• 通常很容易找到教職員工，他們的態度多半平易近人。 • 就個人教育／行為計畫（Individual Education/Behaviour Planning）訂定明確目標。 • 教職員均致力於協助學生提升自信心。 • 學校建置非批判性、「重新開始」的問題解決方案。 • 該單位招收的學員普遍為中輟生。 • 鼓勵教職員多建議、少批評學生。 • 鼓勵學生敞開心靈面對關係，勇於找人傾訴遭遇的困難。 • 學校盡力為學生創造安全的環境。 • 教職員在開學時與家長及學生緊密交流，以傳達學校的教育宗旨。 • 鼓勵後勤員工扮演協調角色。 • 學校為非英語系（English as an Additional Language, EAL）及難民身分的學生做妥善的安排。 • 在場地許可的條件下，學校有意接受中輟生與難民身分的學生。 • 在小學生畢業升學前的過渡期，安排妥善充分的準備。 • 護理急救站全時開放使用。 • 實施學長制度，透過學長姊輔導學弟妹。 • 秉持「不責備」的原則，於各年級成立霸凌問題諮議會。 • 提供彈性因應的作業安排與行為輔導服務，解決情緒及行為障礙學生的問題。 • 撫育型校風；高度重視學校、家長與子女間正向關係的培養。 • 為新生設立學伴制度。 • 考評制度著重於發展層面。 • 透過課程及教職員培訓計畫，開發師生潛能。 • 開辦學生早餐聚會。 • 於開學時分發學校簡介手冊。 • 每週進行一次面談，輔導新生。

表6.1　由學校自我圖譜評鑑工具問卷調查內容所彙整實例（續）

成人	• 教職員普遍都能夠處理課堂內外發生的問題。 • 教職員應用個人教育／行為計畫（IEPs/IBPs）作為解決問題的方法。 • 處理有情緒與行為障礙的學生時，掌握冷靜的關鍵原則。 • 學校在引進新計畫時，會尋求相關資訊來評估此舉對於學校的衝擊與連鎖效應。 • 學校認同最好在輕鬆的氣氛下，執行問題解決的措施。 • 學校對於行為與學習，設有明確但具備彈性的界限。 • 在邀集各方就困境共商解決方案之前，將先行探討該處境的各種層面。 • 在解決問題過程中，以彈性的制度滿足個別的需求。 • 學校採取循序漸進的對策進行危機處理，並偏好採取預防的措施。 • 以明確規範的日常作業程序維繫穩定的工作環境。 • 定期徵詢教職員對學校各項發展的意見。 • 在冷靜執行危機處理時，資深管理團隊扮演關鍵角色。 • 級任教師與學生定期開會，討論日常學習目標。 • 學校舉辦各部門共同參與的家長會。 • 引入與社會服務機構合作的顧問體制。 • 透過在職進修訓練課程與教師會議解決問題。 • 投入時間與資源，照顧具有特殊教育需求之兒童，並參與各部門共同合作的諮商會議。 • 採用合乎情理的手法解決問題。 • 中輟生的減少顯現了校方能夠沉著進行危機管理。 • 學校對外尋求創新的教學資訊，例如採取專業技能培訓課程（professional skills program, PSP）、特殊教育需求，以及情緒與行為障礙等專業教育課程。 • 聘用外部機構扮演催化與促進的角色。

表 6.1　由學校自我圖譜評鑑工具問卷調查內容所彙整實例（續）

適應型兒童	• 課程規劃與進度皆符合教育就業部的規範。 • 課程時數遵循教育就業部的指導原則。 • 學校以面談方式與家長及訪客溝通聯繫。 • 學校採取尊重與公平的態度，與家長及訪客會面。 • 學校依外界要求的標準來回應學生的需求。 • 學校遵循外界之指導方針，進行特殊教育需求評鑑以及相關之紀錄。 • 學校基於彼此尊重的態度，善待訪客。 • 學校根據地方教育當局製作的指導手冊，進行各方面的校務發展。 • 澈底實施能力編班。 • 學校尊重地方教育當局的督學制度，與諮商顧問所提供之建議。 • 地方教育當局顧問特別重視新教案的開發與目標的設定。 • 推行「升學班」制度，強調學業成就，超越對特殊需求的重視，並完全遵循地區與全國課程規範，因應標準評鑑測驗（Standard Assessment Task, SAT）進行授課。 • 對全體教職員一視同仁，謙和有禮。 • 學校遵循地方教育當局的指導方針，作為校務發展的依據。 • 學校對於退學處分，持反對的立場。 • 學校的中心思想在於維持現狀。 • 學校利用學生迎接外賓。 • 在教育標準辦公室督導下擬定行動方案。 • 校園內隨處可見標語，提醒大家注重禮貌。
自然型兒童	• 與下列機構建立聯繫：教育福利服務機構（Education Welfare Service, EWS）、教育人事服務機構（Education Personnel Service, EPS）、社會服務團體、青少年犯罪工作小組（Youth Offending Teams, YOTs）、學生家長、地區社會團體、醫療院所、就業服務機構、大專院校、遊學服務機構、家長會義工與青年義工等。

表6.1　由學校自我圖譜評鑑工具問卷調查內容所彙整實例（續）

• 學生上課出席率高，顯示學生樂於到學校。
• 教職員辦公室的氣氛和樂。
• 視樂趣為行為發展的重要成分。
• 設立義務性質的課輔計畫。
• 闡述學校與地方教育當局就相關議題進行配合的觀感。
• 校內課輔小組競賽。
• 舉辦教職員／學生烤肉餐會。
• 學校率先推行學業輔導以及學生訪談制度。
• 學校在會議中挑戰「專家意見」，捍衛校方權利。
• 學校在疑難雜症的處理上，經常頗具創意。
• 午休與課餘時間有多樣化的課外社團活動供學生參與。
• 由員工委員會籌辦教職員慶祝活動。
• 在教職員休息室創造開明的風氣。
• 透過當地媒體有效宣揚學校願景。
• 重新規劃遊戲休息時間並布置校園。
• 為教職員舉辦校外聚餐與社交晚會。

 驅動力量

109

　　學校自我圖譜評鑑工具對學校的評量，提供了組織文化發展或演化的基石。評量的結果描繪一種輪廓，說明學校目前用以維繫與展現其文化的措施。除了學校自我圖譜評鑑工具的方法之外，交流分析中的另一項重要概念，亦可援用來深入組織文化的理解——「*驅力*」。

　　誠如第四及第五章所描述，個體發展屬於自己的人生腳本，歷程中重要的領域之一便是優勢*驅力*型態的形成。

112　　　　以下列舉人們在兒童時期所習得，指涉「制約性（條件化）
OK 狀態」的訊息。換句話說，就是人們透過學習發現，只要採
用其中一種或多種組合的**驅力**訊息，他們就會是 OK 的：

- 我如果可以保持堅強，就是 OK 的。
- 我如果趕快行動，就是 OK 的。
- 我如果能討好他人，就是 OK 的。
- 我如果能夠十全十美，就是 OK 的。
- 我如果努力不懈，就是 OK 的。

　　特別是在我們身陷壓力處境時，這些驅力便會一擁而上，我
們對人的外在行為、語言表達以及姿態，也會自然地表現出內心
所運行的那股驅力。驅力會影響個人獨立作業或與他人共事的模
式，Julie Hay（1993）以「*運作型態*」（working style）來闡釋此
一概念。每個人特有的運作型態各有其利弊，然而不論就個人而
言或者在團隊當中，我們可以透過經驗，學習如何管理自己典型
行為的缺失，並享受其帶來的利益。

- **要完美**（Be Perfect）：具備此種運作型態的人，可以完成高
  水準的精緻作業，因為他們希望盡善盡美地做好每件事情。
  113　對他們來說，心中最要緊的事就是把工作做好，絲毫沒有疏
  漏；如果達不到自己滿意的標準，便容易感到氣餒或「一文
  不值」。而正因為他們要求完美，所以進度經常落後。他們
  擅於檢查，確保萬無一失，並會事前規劃，組織得有條不紊。
  別人可能會因此對他們望而生畏，或令人「手足無措」。當
  他們能夠接受有時候「夠好」就夠了，才可能稍微放鬆心情，
  並為自己優秀傑出的工作能力感到自豪。

- **要堅強**（Be Strong）：此類型的人看起來穩重而可靠，擅於危機處理，是公認的「解救大師」。他們會在其他人束手無策時接手撐起大局，於是事情容易落在他們身上，因為他們不可能拒絕別人。有時別人會懷疑他們是否真能夠做好手上的每件工作。此類型的人不擅於求助他人分憂解勞，最後可能落到累垮的地步。如果他們能夠適時地對外求助，不要硬撐到最後一刻才開口，接受外界的支援，將可以改善同事間的人際關係，他們沉穩的大將之風也才會受人讚賞。

- **討好他人**（Please People）：此類型的人以取悅他人為畢生職志，因此他們常常施展「讀心術」，在還沒有徵詢對方是否有需要時，便習慣於為他人犧牲奉獻。他們很關心和諧氣氛的創造，但不擅於應付意見分歧的場面，因此這類人在團體中很好相處，總是顧念他人的需求，努力維護人際關係並以大局為重。他們時常面帶微笑、神情愉快，喜歡「猜想」而不直接問個明白，也很少斷然地拒絕工作，因為別人的優先事務比他們自己的來得重要。這類型的人和藹可親、富同情心，而且體貼關懷，通常會善待周遭的每一個人，因為他們關注周圍發生事務的發展，以及他人的需求。如果他們也能兼顧到自己的需求，便能夠盡情享受這份好人緣，而免於背負過重的人情包袱。

- **努力嘗試**（Try Hard）：此類型的人面對新事務，精力充沛，滿懷熱情；他們衝勁十足，積極創新。他們會當仁不讓，採取樂觀進取的態度，經常超越他人志願參與新鮮有趣的方案。不過他們的熱情往往僅止於嘗試，而非達成目標，而他們勇

於探索各種可能性的能力，意味著他們常無法完成任務，必須交由他人去收拾殘局。他們的弱點就是做事欠缺計畫，且只有三分鐘熱度，若能養成謀定而後動的習慣，並樂於完成使命，這種熱情活力才是難能可貴的資產。

■ **要趕快**（Hurry Up）：此類型人物的關鍵信念，就是即刻行動，要不就是很快就得行動。他們同時做了很多件事，並且趕著快點完成，帶給自己和別人壓力。事實上，要是能給自己充裕的時間，因為他們在壓力下精力旺盛，因此可以相當具有效率，完成龐大的工作量。然而，如果他們不從容行事，恐怕可能忙中有錯，而不得不重做，最後反而花費更多時間。這類型的人習慣把事情拖到迫近期限才開始動工，實際上是喜歡那種「忙到不行」的感覺，為自己的快速思考能力沾沾自喜。這對其他同事來說卻會造成困擾，因為隨著期限逼近，他們的壓力也愈來愈大。如果**趕忙型**的人能夠學會安然應對，適當釐清事情的優先序列，他們的行事效率與快速思考能力將能嘉惠眾人。

當然，人們不可能恰好如此直截了當地符合某種類型——多半兼融多項特質，但是當我們面臨壓力時，通常會有某種習慣的傾向。以下兩個表格，內容列出這五種類型的長處與局限（表6.2），以及允許（permission）如何有利於老師的例子（表6.3）。

我們或多或少都可以在上述一種或幾種驅力當中，找到自己的影子；我們也可以觀察到其他人的驅力行為。除了從人們的言語當中推知一二，也可以從對方的行為舉止獲得印證。重點是要謹記：驅力行為會在遭遇壓力時最為凸顯，根本上也是個體獲取

表 6.2　驅力之長處與其限制

驅力	優點	局限
要堅強	處理難題時，重視他人需求更甚於自己的需要。	壓抑自我需求，導致負擔過重／半途而廢。
要趕快	能在緊急的期限內完成託付，肩負繁重工作。	讓自己和他人承受不必要的壓力，導致忙中有錯。
討好他人	開展團隊合作裡難能可貴的助力；善體人意。	忽視自我需求與渴望，以致妄自菲薄。
要完美	可以達成極高的工作標準，不負他人厚望。	無法容忍自己和他人僅僅「夠好」的工作成果。
努力嘗試	能夠激發自我及團隊的幹勁與士氣。	往往滿足於嘗試新事物，而未能實際完成任務。

表 6.3　驅力的允許

驅力	有益的允許	範例
要堅強	表現得堅強，同時也認可個人需求，可以是 OK 的。	經驗豐富的老師容許自己說出帶領班級時遭遇的困境。
要趕快	給自己充裕的時間，思考當下正在進行的工作是 OK 的。	負責擬定反對恃強欺弱文稿工作的工作人員，決定多花點時間執行需求的審查。
討好他人	有些時候滿足個人的需求與渴望是 OK 的。	某位老師登記借閱一卷所需的錄影帶，並不用逐一詢問辦公室裡其他所有人是否也需要借閱。
要完美	有時候只要把任務做到夠好，就是 OK 的。	課堂老師給學生相互評量成果的機會，並不需要自己一絲不苟地替學生打分數。
努力嘗試	初次嘗試時就把工作完成是 OK 的。	課堂老師認定全班同學所創作的作品是夠好的。

114　　信心，維繫其足以跨越難關得以生存的方法。這個概念呈現在圖6.3 中。當人生腳本中自我局限的部分要拖我們往下沉的時候，驅力這個「汽球」會拯救我們免於溺水。

　　驅力及其相應的運作型態，既可以用來理解個體的人格層面，同樣也能用來解析組織的風格。任何學校都有其驅力訊息與衍生的運作型態，透露出組織的文化腳本。想像具備不同運作型態的學校會有何種表現：

115
- **要完美**：學校透過自訂的標準及目標達成率來評判自我，強調學業成就並期盼事情按照「對的方式」完成。我們不難從學校的輝煌紀錄中窺知一二，當然也表現在嚴格的制服規定，以及普遍的整齊清潔當中。

- **要堅強**：學校就像個團結、可靠的大家庭，沒有太多的創造性或新鮮事，事情大致都能圓滿進行並完成。美中不足的是，學校較不重視教職員或學生的內心感受，而且無論是什麼樣的要求，每個人就是被期待要「盡力而為」。

- **討好他人**：「溫馨」是學校給人的第一印象，校園裡布置得花團錦簇，隨處可見學生作品的展示，經常舉辦活動，也許具有良好的社區基礎，以及家長的高度參與。但是對於學生的學業成就可能不夠嚴格，或者缺乏激勵。

- **努力嘗試**：學校散發熱情，但有時卻只有三分鐘熱度，原因可能出在推行太多活動，落得耗盡能量卻無法貫徹始終。若能拿捏得宜，將可用以鼓舞教職員與學生，推行並落實新計畫。

- **要趕快**：學校總有一股匆忙與壓力的氣氛，甚少或完全沒有

圖 6.3　（摘自 Adrienne Lee 的靈感）

機會讓人慎思執行政策與活動的理由與方法。從好的方面來看，學校辦事很有效率且成就斐然，但能力較為薄弱的師生可能會感覺受到忽視，或的確被忽略。

117　　　設想學校突然接獲通告，得知下次進行視察的日期。可想而知，校方對於視察的流程會產生一定程度的焦慮，擔心視察的結果是否理想，煩惱督學實際訪視前的前置作業。不同的驅力行為會有什麼不一樣的反應呢？表 6.4 列舉了某些想法。

表 6.4　面臨視察之下的驅力

驅力	有益的訊息／行為	無益的訊息／行為
要堅強	資深管理階層決定接手絕大部分的校務，盡量減輕老師的負擔，專心教學。	極少聽取教職員對於視察一事的感受。
要趕快	員工有效率地完成必要的工作，發揮面對挑戰的精神，如期完成作業。	不切實際的目標帶來成就的沉重壓力，更正錯誤花費了更多時間與精力。
討好他人	盡全力地以成果展示、布置與文書紀錄，來展現學校最好的一面。	過分重視因應視察的籌備工作，犧牲進行中的學務發展——讓視察作業延誤學校目標。
要完美	強調對師生課業與行為的高度期待，花時間審閱與改善文書作業以及學校政策。	對完美不切實際的期待，不顧實際存在的困難或可能發生的意外狀況。對師生造成不當的壓力。
努力嘗試	於視察前籌備期間，激勵熱情與動機面對挑戰，計畫面面俱到，因應視察過程。	同仁投注大量時間與精力籌劃各項活動，但不是難以合作協調，就是沒有機會掌握進度。

　　學校視察是令校方感到壓力的明顯案例；然而，除此之外，有些情況也會帶來壓力，例如：

- 與學生家長有關的某些特殊困境。
- 學生退學、地方發展，例如：學校重組、地方教育當局視察、教育預算編列程序等等。
- 全國性的議題，例如：考績管理、社會內涵議題、提升學生成就、徵聘教師、規劃超越負荷等等。

　　覺察到驅力行為是一項重要的步驟，可以進一步利用相關運作型態的優勢，並且降低局限的負面影響。就個體而言，若能認清自己的行為模式，並且有意識地運用自己的行為型態處理遭遇的困境，可讓人受益無窮。舉例來說，具有顯著「要堅強」性格的老師，在面對不熟悉或狀況較多的代課班級時，可藉此妥善因應；而另一位老師則運用其「要完美」的風格，為某班級準備新教材。辨明驅力行為是否開始變得沒有幫助，對個人而言同樣相當有用，例如，某位老師覺察到「要趕快」驅力導致他沒有機會反省自己的教學成效。

　　相同地，我們可以思考學校行為，究竟受特定驅力行為驅動達到何種程度，並且考慮如何在遭遇困難時善加利用驅力。

- 目前有哪些議題對貴校造成壓力？
- 您是否覺察到某些*無益*的驅力行為？
- 學校運作型態中的積極面如何發揮功效？

　　若想嘗試改變偏重於某方面的行為表現，重點在於運用允許，打破某些發動驅力行為的禁令。因此，回應上述第二個問題，不妨思考下列的問題：

118

■ 何種允許有助於你的自身利益？

■ 與同仁合作共事時，你是否發覺哪些允許具有功效？

■ 哪種允許可能最有益於培養學校文化？

 ## 邁向自主

Eric Berne（1964: 158-60）對於自主的定義如下：

■ 覺察自我、他人及周遭的處境。

■ 有能力自發性地回應，做不同的選擇。

■ 親密的能力（封閉性與開放性）。

在個人層次，自主性可以與「我好，你也好」的觀點連結。同樣地，學校也可以藉由運用所有組織層次的自我狀態，學習邁向自主。以下列舉一些自主化的學校可能具有的作為：

■ 透過健康校園計畫（healthy schools initiative）等等活動，關懷教職員工與學生。

■ 提供明確定義的架構，以維護端正的品行，例如舉辦**圍圈圈分享時間**（circle time）的團體活動。

■ 透過系統化的自我檢討等方式，充分了解學校自身的優缺點。

■ 盡全力面對挑戰，例如設置具備效能的校內輔導中心，輔助教職員工與學生。

■ 策劃宣導體驗性學習的影響力，以及情緒管理能力的重要性。

本書不斷從各個層面鼓勵教師、行政人員以及學校邁向自主化。我們的目標專注於促進同仁覺察自己的思想與行為對於他人的影響。我們並計畫性地提供資源，提升大家對關係的敏感度，

119

鼓勵在現有的環境下，激發出最具成效的處事方法。情緒面的成長與發展是本書在每個章節中刻意探討的主軸，同時並有意地在班級或者學的脈絡中，提升親密的可能性。

　　不管在專業或者是個人領域，我們每個人都擁有選擇權。然而我們經常未能意識到自己所做的抉擇——這些抉擇往往起源於我們對這世界如何運作的看法、根深柢固的認知。因此，許多決策似乎都是「直覺」或「常識」下的舉動。然而，絕大多數的情況都可以有許多不同的選擇，就個人層面而言，這為我們帶來某種形式的利益。圖 6.3 的譬喻是在描繪我們人類靠著驅力汽球浮在水面上，努力掙扎免遭滅頂，現在則能夠自由自在地悠游，並選擇要去哪個島嶼遊覽（請見圖 6.4）。

圖 6.4　（摘自 Adrienne Lee 的靈感）

　　站在學校的角度思考自主性，情況難免較為複雜。學校基於獨特的歷史經驗，自有其特殊的組織性世界觀。而在學校社群中的個體，則有其兼融組織經驗與個人角度的世界觀。要成為具備自主能力的學校，須面對先天的複雜性與張力，問題不容小覷。

　　一個相當重要的觀念在於，學校所包容的社群既然是豐富多元，則必然潛藏疑難雜症；更重要的是，決策的歷程是在所有的規劃與溝通中，最為顯著與明確的特徵。Berne 對自主所下的定義，其核心關鍵在於整合性**成人**，也即是我們賴以與他人共事、生活及成長最強而有力的基礎。學習新的行為模式正是此一整合過程的部分途徑。「以交流分析的觀點來說，這意味著凡是具備**成人**功能的人，應展現三種特質：個人魅力與反應能力、客觀的資訊處理能力，以及倫理道德的責任能力。」（Berne 1961:195）從過去對這世界的經驗與認知中汲取教訓，深思熟慮地回應我們當下的感受，並透過正向溝通來幫助自己與他人——這些情操同樣見稱於真正具有「整合性**成人**」特質的學校。

　　培育學校中的自主精神，終究得明確地專注於發展自主化「學校」，而非僅止於促進教職員與班級學生，或者與某位同學間的自主關係而已。自主地生活非但只是用來探討學生行為時的良好構想，更是一種用來描繪可說是最有效的態度、說明如何建立全校風氣的方法。

　　總而言之，邁向自主的目的（確實也是我們編寫本書的根基），不僅專注於協助學校成為小孩與大人相處及合作更為理想的處所。讀者也會相當清楚地理解，撰寫本書的重點不僅在協助學校改善學生行為，進而提升成就。我們在社區中的作為企圖促

進校園裡孩童與大人間的友善關係，讓我們有機會改變這個世界，開創更美好的未來。這是一項投資龐大的希望工程，有時不免在忙碌的課堂生活中銷聲匿跡，或是被埋沒於相互毀滅的權力鬥爭之中。

　　本書關注的要點不在於端正品行、提升成績、調整既定的政策議程，或是其他僅具短暫價值的議題。這冊作品是有關於教室與辦公室中點點滴滴的事務，以及學校可以如何為孩子與大人提供有益的互動機會。因應新世紀教育體系的發展，無疑將是我們社會須持續努力的首要任務。

　　　　兒童是我們給予無法目睹的未來世界所寄予的生命信息。

　　　　　　　　　　　　　　　　　　　（先知，卡里‧紀伯侖）

121 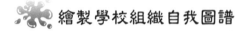 繪製學校組織自我圖譜

請針對每一題進行評分，填寫符合貴校實際狀況的分數。請就評分為 2 或 3 的題目，舉例證明你評分的根據：

不符合本校狀況　　0　　　大致符合本校狀況　2
部分符合本校狀況　1　　　非常符合本校狀況　3

題號	評分	敘述
1		學校在品行／紀律的政策上，訂有明確的規章。 事證：
2		學校採用調解制度來處理學生與／或教職員之間的問題。 事證：
3		學校遵循外部機關的要求與建議，如地方教育當局的法條、英國教育就業部的指導原則等等。 事證：
4		學校通常會採取同情的態度來了解學生的問題。 事證：

©Barrow et al. (2001)

題號	評分	敘述
5		學校樂於參與投入，建構多元化的專業與非專業網絡，例如地區性輔助機構與社會團體。 事證：
6		學校能明快地展現其關懷學生的作風。 事證：
7		學校能有效運用系統化策略解決問題。 事證：
8		與家長及學生明確溝通學校的辦學宗旨。 事證：
9		全校師生可在校內自由表達感受。 事證：
10		學校以高規格的殷勤與禮貌接待學生及訪客。 事證：

122

©Barrow et al. (2001)

題號	評分	敘述
11		學校就教育標準辦公室、地方教育當局法令等外部要求的相關議題，採取不同的立場。 事證：
12		學校擅於引導與帶領新生及訪客。 事證：
13		學校能夠冷靜處理危機。 事證：
14		學校傾向於尋求與新發展有關的資訊及支援。 事證：
15		學校顯然樂於扮演其組織角色與達成目標。 事證：
16		學校是公認的教學楷模，他校受到鼓勵前來學習成功的經驗。 事證：
17		學校是以接納轉學生與遭到他校開除的學生聞名。 事證：

©Barrow et al. (2001)

題號	評分	敘述
18		當學校的方案與規章受到訪客讚譽時，最令學校感到光榮。 事證：
19		學校即使承受壓力，仍能持續推動問題解決方案。 事證：
20		學校是個「公事公辦」的地方。 事證：
21		學校在因應出現的困難時，會記取過去的經驗與教訓。 事證：
22		學校具有發明及創造力。 事證：
23		學校時常干涉學生的福利計畫。 事證：
24		學校有可能過度干預學生與教職員的私事。 事證：

123

©Barrow et al. (2001)

題號	評分	敘述
25		校方期望由地方教育當局／英國教育就業部來界定學校的職權範圍。 事證：
26		學校在決策過程中，會做各層面的考量。 事證：
27		學校鼓勵教職員及學生實際測試自己的能力。 事證：
28		學校為全體師生提供自我發揮的機會。 事證：
29		學校期望地方教育當局、英國教育就業部及英國教育標準辦公室下達明確的指示。 事證：
30		學校能迅速回應外部機構、地方教育當局／英國教育就業部，以及學生家長所提出的要求和期望。 事證：

©Barrow et al. (2001)

步驟 1：依照題號將你的評分登錄在以下的總表當中，並將每一　　*124*
欄的分數加總。

題號	評分	題號	評分	題號	評分	題號	評分	題號	評分
1		4		2		3		5	
8		6		7		10		9	
16		12		13		11		14	
21		17		19		18		15	
23		24		20		25		22	
29		27		26		30		28	
總計		總計		總計		總計		總計	

控制型父母	撫育型父母	成人	適應型兒童	自然型兒童

步驟 2：在以下左列得分點的位置畫上橫線，繪製問卷結果的直
方圖。

總分					
18					
15					
12					
9					
6					
3					
0					
	控制型父母	撫育型父母	成人	適應型兒童	自然型兒童

ⒸBarrow et al. (2001)

交流分析專業名詞彙編

accounting（考慮）：

成人自我狀態的功能，同時由源自外部環境以及內在**父母**與**兒童**訊息的角度，考慮與情境相關的所有因素。

Adapted Child（**適應型兒童**）：

一種與**兒童**自我狀態有關，相互影響的功能模式。可以是正向地合作，抑或是負向地順從或者叛逆。

Adult（**成人**）：

成人自我狀態，乃基於當下的現實，與他人互動並適當地反應。

affirmation（肯定）：

安撫，可以支持人們成長與發展的需求及能力；與發展階段關聯，支持生命的訊息。

attribution（歸屬）：

定義性質的訊息，可以告訴某人擁有何種特質，例如：愚笨、聰明等等，於是人們便如此認定自我。

autonomy（自主）：

當下存在的一種狀態，特徵為具備對自我與他人的覺察，以及擁有開放與真誠情感表達的自發性回應能力。

Child（**兒童**）：

兒童自我狀態，正確來說應該是一組自我狀態，它們保存了

兒童時期各階段所經驗的行為、思考以及感受。

complementary transaction（互補性交流）：

由受到指定的自我狀態或者模式所回應的一種互動——因此交流圖譜的射線是相互平行的。

Compliant（順從型）：

適應型兒童的一種行為模式，當中個體受到要求與期待，而忽視自己的需求、慾望或者思考。

contract（契約）：

一種雙向或者多方協商下的多邊協定，目的在達成共同的目標。

Controlling Parent（控制型父母）：

某種人際互動的功能性或者行為模式，其特質可能是相當清楚地設定界限，或者是不當地固執與苛責。

Cooperative（合作型）：

某種**適應型兒童**表現，一種正向行為模式，當中個體以自主性的選擇與他人成功合作。

Critical（批判型）：

某種行為模式，當中個體顯得跋扈、獨裁、僵化或者苛刻。

crossed transaction（交錯性交流）：

由非受到指定的自我狀態或者模式所回應的一種互動；如果互動稍早已經「卡住」或者沒有助益，因此可能進一步導致有益溝通的中斷。

cycles of development（發展循環）：

人類發展與學習的理論，內容涵蓋整個生命歷程中所有發展

階段的再生循環。

discounting（漠視）：

> 一種心理歷程，低估、輕視或者忽視自己、他人或者處境的某些層面。

drama triangle（戲劇三角）：

> 一種描述與分析心理遊戲的方法；玩家扮演**迫害者、拯救者**與**受害者**三種角色之一或者多種角色。

driver（驅力）：

> 壓力下的某種無益並且明顯強迫性的行為模式。共有五種驅力行為：要完美（Be Perfect）、要堅強（Be Strong）、要趕快（Hurry Up）、討好他人（Please People），以及努力嘗試（Try Hard）。

ego-gram（自我圖譜）：

> 自我狀態行為的直方圖（histogram），顯示花費在某種狀態相對的時間與能量。

egostate（自我狀態）：

> 某種感覺與經驗，以及其相應行為的持續模式。

game（*psychological game*）（遊戲）：

> 一連串的隱藏溝通，可導致某種可預期與熟悉的結論；通常是造成不愉快的感覺。

immature（不成熟的）：**自然型兒童**的負向行為模式，其中個體以自我為中心，並且忽視他人的存在。

injunction（禁令）：

> 腳本中自我局限的部分，將導致我們相信自己無法達成某些

事務，例如：成功、思考、受到敬重、親近別人；也被理解為「不要」（*don't*）。

life positions（*windows on the world*）（生命定位；望向世界之窗）：

四種看待世界的方式，與對自我以及他人 OK 與否的知覺有關。也同樣被理解為「望向世界之窗」，每種狀態都提供了某種特定的觀感，迥異於其他不同的觀感；也是所謂存在的定位（existential positions），因為它們是為基本信念。

life-script（*script*）（生命腳本；腳本）：

一組在兒童時期形成的信念與決定，持續影響個體的生命歷程。腳本同時包括了自我局限與自我保護的信念與決定；當個體採納了新的資訊之後，腳本可以加以更新，並且可以被改變。

Marshmallow Parent（**棉花糖型父母**）：

一種行為模式，對人可能表現得過度保護或者令人感到窒息。

Natural Child（**自然型兒童**）：

某種**兒童**自我狀態的功能或者行為模式，可以是自發與具創造性的，或者自私與不成熟的。

nurture（撫育）：

父母自我狀態的某種功能。

Nurturing Parent（**撫育型父母**）：

父母自我狀態的某種功能面向，是一種關懷與支持性互動的行為模式。

OK-ness（好、夠好）：

一種狀態，存在於「我好，你也好」的生命定位當中。

Parent（**父母**）：

某種自我狀態，保有取自照顧者以及其他權威形象人物（例如老師）的思考、感覺與行為模式。

permission（允許）：

傳達某些事務是OK的訊息，例如：為自己思考、親近別人、信任、經驗感覺。

Persecutor（**迫害者**）：

戲劇三角的角色之一。

Rebellious（**叛逆型**）：

某種行為模式，**適應型兒童**的一部分，個體抗拒要求並且拒絕合作。

recycling（循環再生）：

重遊再訪兒童時期經驗之發展階段的歷程。

Rescuer（**拯救者**）：

戲劇三角的角色之一。

script（腳本）：

參見生命腳本（life-script）。

Spontaneous（**自發型**）：

某種行為模式，**適應型兒童**的一部分，個體創造性地以自己的方式表達自我。

stages of development（發展階段）：

一系列的發展階段，期間與年齡相應的發展課題被完成或者未被完成；總共有七個階段，包括成人時期的「循環再生」

階段。

stroke（安撫）：

一個單位的認同，可以是正向或者負向的，並且可以是基於個體的存在（無條件的）或者其作為（有條件的）。

stroke economy（安撫經濟學）：

一組社會「迷思」或者規則，主張對自由與支持地付出與接受安撫加以限制。

structure（結構）：

父母的一種功能。

Structuring Parent（**結構型父母**）：

控制型父母的某種行為層面，其中人們透過提供指導、設定界限以及澄清期待的方法，與人互動。

three-cornered contract（三方契約）：

在某種處境中，於任何三個團體間所建立的契約；可能還會有其他相關的契約。

transaction（交流）：

包含一個刺激與一個反應的一段互動。

Transactional Analysis（交流分析、溝通分析）：

一種關於人類發展、人格、行為與溝通的理論體系以及其應用，其基礎乃為人類彼此尊重與自重的哲學思考。

triangular contract（三角契約）：

參見三方契約（three-cornered contract）。

ulterior transaction（隱藏性交流）：

一種發生在參與者察覺範圍之外的交流，支配了互動的結果；

遊戲的組成成分。

Victim（**受害者**）：

戲劇三角的角色之一。

windows on the world（望向世界之窗）：

參見生命定位（life positions）。

winners triangle（贏家三角）：

互動中的正向行為模式；由戲劇三角中的「善意」層面所發
展而來。

延伸閱讀

＊*TA Today*，Ian Stewart 與 Vann Joines 著，Lifespace Publishing，1987 年出版。

中譯本：《人際溝通分析練習法》，易之新（譯），張老師文化，1999 年。

當代交流分析經典的參考書籍，主題涵蓋所有關鍵的概念，方便易讀。內容包含自我的練習，可用來提升對理論的理解。

＊*Working it our at Work*，Julie Hay 著，Sherwood Publishing，1993 年出版。

這本書是以組織脈絡為目的所編寫，焦點在於了解職場上的關係，不過仍可提供更為廣泛的應用。容易閱讀與理解，清楚地闡釋交流分析的理論，同時也提供學習溝通的方法。

＊*Esteem Builders*，Michelle Borba 著，Jalmar Press，1989 年出版。

提供老師豐富資源的一本著作，內容包括數百種觀念與課堂習題。整本書將自尊（self-esteem）分割為以下五個主題作論述：安全（security）、自我（selfhood）、參與（affiliation）、動機（motivation）與能力（competence）等。

＊*Growing up Again*，Jean Illsley Clarke 與 Connie Dawson 著，

Hazelden，1998 年出版。

中譯本：《成長不止息——讓我們和孩子一齊成長》，姜菁華
（譯），旅途出版社，2004 年。

本書的焦點在於親職工作（parenting），提供健康發展的指南，
教導父母如何提供環境結構與滿足兒童發展的需求。對老師而
言也相當實用，有助於了解情緒與自尊的發展。

* *Tactics*，Rosemary Napper 與 Trudi Newton 著，TA Resources，
2000 年出版。

本書主要的企圖在於提供從事成人教育者有關交流分析方面的
資源，並作為操作手冊。老師也會發現其實用性，正在接受訓
練或研究所專業發展課程的人士都會發現可用來作為報告主題
的許多概念。書中詳細檢視了學習的歷程。

* *TA for Kids*，Alvin Freed 著，Jalmar Press，1974 年出版。
以一種活潑的方式，針對十到十三歲的兒童，有效講解許多交
流分析的概念。

* *Born to Win*，Muriel James 與 Dorothy Jongeward 著，Addison
Wesley，1971 年出版。

中譯本：《強者的誕生》，劉寧（譯），遠流出版社，1994
年。

交流分析的經典著作，內容包含個人與團體的練習，並涵蓋交
流分析的所有概念。

* *The Optimistic Child*，Martin Seligman 著，HarperCollins，1995

年出版。

中譯本：《教孩子學習樂觀》，洪莉（譯），遠流出版社，1999
年。

Seligman 提出相當知名的概念「習得的無助」（learned helple-
ssness）。這本書則提出一體兩面中的另外一面——說明也可透
過真誠的溝通與問題解決學習如何樂觀。作者相信有效的學習
帶來自尊，反之則導致自卑。

＊*The Scientist in the Crib*，Alison Gopnik 等著，Morrow，1999 年
出版。

中譯本：《搖籃裡的科學家》，黃慧馨（譯），信誼基金出版
社，2000 年。

近年來所發表令人振奮的著作，討論嬰兒與小小孩該如何學習。
本書以研究為基礎，並且因為有相當多的實證支持作者的觀察
與概念，因此廣為交流分析實務工作者所推崇。

＊*TA in Education*，George Adams 編著，Ecrit，1990 年出版。
交流分析在教育與學習運用的選集，選錄自《交流分析期刊》
（*Transactional Analysis Journal*）與其他來源。

＊*Achieving Emotional Literacy*，Claude Steiner 著，Bloomsbury，
1997 年出版。

「情緒教育」（emotional literacy）概念創始者 Claude Steiner 的
著作，內容討論安撫與其他交流分析在兒童撫育、關係與工作
上的概念。

　　上述這些書籍都已經出版發行，可透過不同的書商購買。如果有任何困難，或想要取得已出版的交流分析以及關於自尊方面的詳細書目，請與 Kevin Smallwood 聯繫，地址為：Charlton House, Dour Street, Dover CT16 1ED。

　　有關交流分析訓練課程以及研討會的資訊，則可透過 Institute of Transactional Analysis（ITA）的 The Administrator 取得，地址為：6 Princes Street, Oxford OX4 1DD，電子郵件信箱為：admin@ita. org.uk。

参考書目

Berne, E. (1961) *Transactional Analysis in Psychotherapy*. New York: Grove Press.

Berne, E. (1964) *Games People Play*. New York: Grove Press.

Borba, M. (1989) *Esteem Builders*. Torrance, Calif.: Jalmar Press.

Choy, A. (1990) 'The Winners Triangle', *Transactional Analysis Journal* 20(1), 40–46.

Clarke, J. I. and Dawson, C. (1998) *Growing up Again*. Center City, Minn.: Hazelden.

Clarke, J. I. and Gesme, C. (1988) *Affirmation Ovals*. Minneapolis, Minn.: Daisy Press.

Crespelle, A. (1989) 'Le moi, le role et la personne: différences et interférences', *Actualités en Analyse Transactionnelle* 13(52).

Department for Education and Employment (1999) *Social Inclusion: Pupil Support*. London: DfEE.

Department for Education and Employment (2000) *Draft Revised SEN Code of Practice*. London: DfEE.

Devlin, A. (1997) *Criminal Classes*. Winchester: Waterside.

Dieser, R. B. (1997) 'Empirical research on attribution theory', *Transactional Analysis Journal* 27(3), 175–80.

English, F. (1975) 'The three-cornered contract', *Transactional Analysis Journal* 5(4), 384–5.

Erikson, E. (1977) *Childhood and Society*. London: Paladin.

Galvin, P., Miller, A. and Nash, J. (1999) *Behaviour and Discipline in Schools: Devising and Revising a Whole-School Policy*. London: David Fulton Publishers.

Gesme, C. (1996) 'Helping children deal with feelings', *WE* 15(2).

Goleman, D. (1996) *Emotional Intelligence*. London: Bloomsbury.

Gopnik, A., Meltzoff, A. N. and Kuhl, P. (1999) *The Scientist in the Crib*. New York: Morrow.

Hay, J. (1993) *Working it out at Work*. Watford: Sherwood Publishing.

Hay, J. (1995) *Donkey Bridges for Developmental TA*. Watford: Sherwood Publishing.

Hay, J. (1996) *Transactional Analysis for Trainers*. Watford: Sherwood Publishing.

Karpman, S. (1968) 'Fairy tales and script drama analysis', *Transactional Analysis Bulletin* 7(26), 39–43.

Lapworth, P., Sills, C. and Fish, S. (1995) *Transactional Analysis Counselling.* Bicester: Winslow Press.

Levin, P. (1982) 'The Cycle of Development', *Transactional Analysis Journal* 12(2), 129–39.

Montuschi, F. (1984) 'Teachers' scripts & in-service training programmes', *Transactional Analysis Journal* 14(1), 29–31.

Napper, R. and Newton, T. (2000) *Tactics.* Ipswich: TA Resources.

Piaget, J. (1973) *The Child's Conception of the World.* London: Paladin.

Qualifications and Curriculum Authority/Department for Education and Employment (2000) *Supporting School Improvement: emotional and behavioural development.* London: QCA/DfEE.

Rogers, C. (1978) *On Personal Power.* London: Constable.

Steiner, C. (1971) 'The stroke economy', *Transactional Analysis Journal* 1(3), 9–15.

Steiner, C. (1974) *Scripts People Live.* New York: Grove Press.

Steiner, C. (1977) *A Fuzzy Tale.* Torrance, Calif.: Jalmar Press.

Steiner, C. (1997) *Achieving Emotional Literacy.* London: Bloomsbury.

Steiner, C. (2001) Personal communication.

Stern, D. (1998) *Diary of a Baby.* New York: Basic Books.

Stewart, I. and Joines, V. (1987) *TA Today.* Nottingham: Lifespace Publishing.

Teacher Training Agency (1999) *National SEN Specialist Standards.* London: TTA.

Temple, S. (1999a) 'Functional fluency for educational transactional analysts', *Transactional Analysis Journal* 29(3), 164–74.

Temple, S. (1999b) 'Teaching with TA', *Institute of Transactional Analysis* 54(2), 24–5.

Temple, S. (2000) 'The stroke management map', *Institute of Transactional Analysis* 56(1), 24–5.

University of Birmingham (1998) *Emotional and Behavioural Difficulties in Mainstream Schools.* London: DfEE.

Watkins, C. and Wagner, P. (2000) *Improving School Behaviour.* London: Paul Chapman.

索 引 （條目後的頁碼係原文書頁碼，檢索時請查正文側邊的頁碼）

A

U

V

W

國家圖書館出版品預行編目資料

教室裡的行為改善與自尊提升——交流分析（溝通分析）應
用之實用指南／Giles Barrow, Emma Bradshaw, Trudi Newton
著；江原麟、陳冠吟譯. -- 初版. -- 臺北市：心理，2007.11
面； 公分. --（輔導諮商；66）
參考書目：面
含索引
譯自：Improving behaviour and raising self-esteem in the
classroom: a practical guide to using transactional analysis
1.班級經營　2.行為改變術
ISBN　978-986-191-047-5（平裝）
527　　　　　　　　　　　　　　　　　　　96014138

輔導諮商 66　　**教室裡的行為改善與自尊提升**
　　　　　　　　——交流分析（溝通分析）應用之實用指南

作　　者：Giles Barrow, Emma Bradshaw & Trudi Newton
譯　　者：江原麟、陳冠吟
執行編輯：林汝穎
總 編 輯：林敬堯
發 行 人：洪有義
出 版 者：心理出版社股份有限公司
社　　址：台北市和平東路一段 180 號 7 樓
總　　機：(02) 23671490　　傳　　真：(02) 23671457
郵　　撥：19293172　心理出版社股份有限公司
電子信箱：psychoco@ms15.hinet.net
網　　址：www.psy.com.tw
駐美代表：Lisa Wu　　　Tel：973 546-5845　Fax：973 546-7651
登 記 證：局版北市業字第 1372 號
電腦排版：臻圓打字印刷有限公司
印 刷 者：東縉彩色印刷有限公司
初版一刷：2007 年 11 月